LA

PONDÉRATION

DES

POUVOIRS

LA PROVINCE

LE SUFFRAGE UNIVERSEL

LE SOCIALISME

PARIS

MICHEL LÉVY FRÈRES, ÉDITEURS
Rue Auber, 3 place de l'Opéra

LIBRAIRIE NOUVELLE
Boulevard des Italiens, 15, au coin de la rue de Grammont

1874

LA PONDERATION

DES POUVOIRS

LA
PONDÉRATION

DES

POUVOIRS

LA PROVINCE

LE SUFFRAGE UNIVERSEL

LE SOCIALISME

PARIS

MICHEL LÉVY FRÈRES, ÉDITEURS
Rue Auber, 3, place de l'Opéra

LIBRAIRIE NOUVELLE
Boulevard des Italiens 15 au coin de la rue de Grammont

1874

LA PONDÉRATION

DES

POUVOIRS

I

CONSIDÉRATIONS GÉNÉRALES

Quatre fois déjà, en quatre-vingts années, la France a tenté d'établir les institutions parlementaires ; quatre fois elle a échoué dans cette entreprise où l'Angleterre, depuis plus de deux siècles, a réussi du premier coup avec tant d'éclat. La Constitution de 1791, à peine proclamée, s'est abîmée dans l'épouvantable tempête de la Terreur. La Charte de 1814, au bout de quinze ans de luttes, a disparu dans le coup de majorité de 1830. La Monarchie de Juillet, qui s'est rapprochée le plus près possible du type anglais, a été emportée par le souffle républicain de 1848. L'Empire, à son tour, transformant son système autoritaire en système libéral, a fait un quatrième essai du régime parlementaire. Le désastre de Sedan ne lui a pas permis de le pousser jusqu'au bout; mais, à l'ardeur avec laquelle il était attaqué par tous les partis, on pouvait aisément prévoir qu'il serait bientôt entraîné dans les mêmes écueils où avaient échoué ses devanciers.

Aujourd'hui, ces institutions, sans lesquelles la liberté n'est qu'un mot et l'ordre qu'une trève éphémère, apparaissent, de nouveau, aux hommes de bonne foi et de bon sens, comme le seul remède propre à combattre efficacement la maladie révolutionnaire, qui semble passée chez nous à l'état chronique. Royalistes libéraux ou républicains modérés, tous ceux qui ne veulent pas reculer dans les ornières de la réaction, ni retomber dans les excès de la démagogie, sont d'accord pour demander à un régime basé sur une sage pondération des pouvoirs, de sérieuses garanties contre le despotisme d'un seul et contre le despotisme des masses, contre la dictature et contre l'anarchie.

Réussira-t-on mieux qu'auparavant dans cette nouvelle tentative? Il faut l'espérer pour l'honneur et pour le repos de la France. Mais, si l'on veut enfin atteindre le but, il ne suffit pas d'inscrire de vaines formules dans le texte d'une Constitution plus théorique que pratique. Il importe de mieux se réndre compte qu'on ne l'a fait jusqu'à présent des conditions essentielles du régime parlementaire, et surtout des causes qui se sont opposées en France à son établissement définitif. De cette étude impartiale ressortira la preuve certaine que ce régime rencontre, dans l'ensemble de notre organisation sociale et politique, des obstacles formidables qu'il faut écarter sagement ou renverser d'une main hardie, si on ne veut encore une fois bâtir sur le sable l'édifice de notre droit public.

C'est à l'examen de cette question fondamentale que sont consacrées les pages qu'on va lire. Celui qui les a écrites n'appartient à aucun parti, ou plutôt il est du seul parti qui devrait désormais rallier tous les bons citoyens : le Parti de la France, et il cherche loyalement, sans préjugés et sans passion, comment on pourrait enfin, dans notre malheureuse patrie bouleversée par tant de secousses, fermer, une fois pour toutes, l'ère toujours ouverte des révolutions.

II

DÉFINITION DU RÉGIME PARLEMENTAIRE

Avant de rechercher d'où vient la difficulté où nous nous trouvons depuis tant d'années d'acclimater chez nous les institutions parlementaires et, par conséquent, avant d'indiquer ce qu'il faut faire pour les y établir, nous devons en préciser le caractère et les conditions nécessaires.

Le régime parlementaire pourrait se définir avec exactitude : la Pondération des Pouvoirs. Ce principe en est, en effet, l'essence, et c'est par là seulement qu'il vit, fonctionne et réalise, dans toute sa plénitude, l'alliance féconde de l'autorité et de la liberté. Tout le jeu de la machine sociale y réside dans l'action des forces combinées qui, d'un côté, concourent à la création des lois et en assurent l'exécution; de l'autre, résistent à la prédominance d'un seul élément sur tous les autres. C'est le partage de la souveraineté publique et du gouvernement de l'Etat entre plusieurs pouvoirs qui se concertent, se contrôlent ou se modèrent réciproquement de manière à maintenir dans un juste équilibre l'ensemble des intérêts sociaux, à les satisfaire tous équitablement et à amener le progrès sans secousses et les réformes utiles sans révolution violente.

Le règne parlementaire est, dans l'ordre politique, ce que le levier est dans l'ordre matériel. Il lui faut un point d'appui, une force qui donne l'impulsion, une force contraire qui règle et discipline le mouvement. Son but est l'équilibre dans le mouvement, l'ordre au sein du progrès. Mais l'équilibre moral, comme l'équilibre physique, ne s'obtient jamais qu'au moyen d'efficaces contrepoids. L'organisation et le fonctionnement de ces freins indispensables constituent toute la science du mécanisme parlementaire.

Il est évident que, dans ce système, le gouvernement ne peut être que représentatif. La loi n'ayant de force morale que si elle est l'expression libre et sincère des vœux et des besoins du plus grand nombre, l'ensemble de la nation doit être nécessairement représenté dans les conseils où s'élabore la législation destinée à régler tous les droits et tous les intérêts sociaux. Tout gouvernement parlementaire, faisant ainsi jouer à l'élection un rôle considérable, repose naturellement, dès lors, sous des formes diverses, sur

le principe fondamental de la souveraineté populaire.

Mais, cette souveraineté même, par sa nature, par
son omnipotence, puisqu'elle absorbe tout, par ses
entraînements, puisqu'elle est au plus haut degré
l'expression de l'opinion publique avec ses passions
et sa mobilité, a besoin d'être limitée et garantie en
quelque sorte contre ses propres abus. Autrement,
soit qu'elle s'incarne dans un homme, soit qu'elle
s'incarne dans une assemblée, ce serait le plus terrible des despotiques.

C'est ce qui a toujours rendu la pratique des institutions tempérées si difficile dans les démocraties
où, le peuple étant l'unique souverain, il n'y a plus
de place pour d'autres pouvoirs.

A ce point de vue, il semble donc que les institutions parlementaires sont mieux applicables à une
Monarchie qu'à une République, parce que, dans
une Monarchie, le pouvoir du chef de l'Etat, roi
ou empereur, et presque toujours la coexistence
d'une classe ou d'une assemblée privilégiée, y
offrent des contrepoids naturels à l'action trop vive
des aspirations populaires. Néanmoins, pour être
plus compliqué, le problème a trouvé une solution
pratique, ainsi qu'on le verra bientôt, aussi bien sous
la forme démocratique, que sous la forme monarchique.

Les conditions essentielles au fonctionnement du régime parlementaire peuvent se résumer ainsi:

Equilibre des pouvoirs ;

Libre et permanente manifestation de l'esprit public ;

Autorité suprême des majorités et soumission des minorités;

Responsabilité des agents de l'Etat à tous les degrés.

On voit que nous ne mentionnons pas ici la liberté qui semble, au contraire, être l'âme, le moteur et le but des institutions parlementaires, à tel point que, dans le vocabulaire politique, on a l'habitude de les appeler plutôt les institutions libérales. C'est que la liberté, qui est la conséquence logique et naturelle de ce régime, n'en est pas cependant la condition essentielle et nécessaire. — Un gouvernement peut être en effet très franchement parlementaire et n'être pas pour cela libéral, si la volonté incontestable de la majorité du pays ne juge pas certaines prérogatives de la liberté compatibles avec les intérêts supérieurs de l'ordre public. La loi, pour être faite avec toutes les garanties du régime parlementaire, peut être cependant restrictive de certains droits. Un pays, après tout, est toujours maître de régler à son gré sa législation et ses destinées; l'essentiel, c'est que son droit à cet égard reste entier et que la règle légale qui s'impose à tous les citoyens soit bien l'expression des vœux de la majorité.

Seulement, il est facile de comprendre que c'est sous le régime parlementaire que la liberté trouve ses plus sûres garanties et ses plus légitimes satisfactions. Car, c'est là seulement que, tous les intérêts étant le plus exactement représentés et le plus efficacement défendus, aucun droit ne court risque d'être compromis, aucun principe fondamental n'est exposé à être méconnu, violé ou faussé. Le pays y exerce toujours un contrôle supérieur sur tous les actes du gouvernement pour les redresser quand ils s'égarent et pour les réprimer quand ils sont coupables, et la responsabilité permanente des agents du pouvoir y est la meilleure sauvegarde de la liberté individuelle ou publique.

La liberté n'est pas d'ailleurs un mot abstrait ni un principe vague. A toutes les révolutions, c'est le mot que l'on crie instinctivement sans trop s'en rendre compte. Mais si le mot est un, la chose est multiple. Ce singulier absolu n'exprime même pas exactement la chose ! Le mot plus juste et plus vrai serait non pas la liberté, mais « les libertés. » — Ce qu'on appelle ainsi comprend tout un ensemble de faits sociaux, que le droit naturel a établis avant que la loi l'ait sanctionné : liberté des opinions et des croyances, liberté de la pensée et de parole, liberté

de l'individu, du travail et de la propriété, etc.
Mais comme tous les faits sociaux, ces libertés sont
nécessairement soumises dans leur réglementation
à la loi supérieure de l'intérêt public et à la limitation du droit de chacun et du droit de tous.

La liberté, ainsi que la loi qui la règle, est donc
une résultante du jeu régulier des institutions parlementaires. L'une et l'autre en sortent naturellement
comme le fruit de la semence ; mais elles n'en sont
pas le produit certain et forcé, et l'on conçoit que
l'arbre parlementaire pourrait vivre et se développer
sans les produire. La liberté est un effet, elle n'est pas
une cause. Elle n'est pas un principe, elle est un but.
Seulement les institutions parlementaires, sincèrement pratiquées, sont certainement le meilleur moyen
de l'atteindre. La machine parlementaire est essentiellement faite en vue d'y marcher et d'y parvenir ;
mais, encore une fois, il ne faut pas confondre l'instrument avec l'œuvre même à laquelle on peut l'employer.

Quant au jeu de la machine, il réside tout entier
dans l'harmonie et l'agencement des rouages, c'est-
à-dire dans l'équilibre des pouvoirs.

Cet équilibre est inséparable de l'idée de trinité
politique.

L'unité de pouvoir, ce serait l'arbitraire sans
limite. La dualité, ce serait fatalement la lutte.

Un troisième pouvoir est indispensable pour pondérer le système général.

Dans tous les pays qui ont fondé leur organisation politique sur les institutions parlementaires, on a trouvé l'élément pondérateur dans l'établissement d'une seconde Chambre créée pour maintenir l'esprit de conservation contre les entraînements de l'esprit d'innovation et régler, par le frein salutaire de la tradition, la marche trop rapide du progrès.

C'est ainsi qu'en Angleterre, Etat monarchique, la Chambre des Lords forme un rouage puissant et vraiment modérateur qui concourt, de la manière la plus efficace, avec la Royauté, pouvoir permanent d'un côté, et la Chambre des Communes, pouvoir électif de l'autre, au gouvernement du pays.

C'est ainsi, qu'aux Etats-Unis, pays républicain, le Sénat, investi d'attributions très étendues, constitue avec le Président et le Congrès, la trinité politique où chaque pouvoir se modère en se contrebalançant.

Partout enfin où le système parlementaire a été mis en pratique, on retrouve cette seconde Assemblée chargée d'être le contrepoids des autres forces gouvernementales, et d'agir tantôt au profit de la liberté contre les abus de l'autorité, tantôt au profit de l'autorité contre les excès de la liberté.

Nous avons résumé d'un mot le système parlementaire en l'appelant la Pondération des pouvoirs.

Cette formule peut se simplifier encore et l'on peut dire que le problème tout entier consiste dans l'organisation d'une seconde Chambre. Tout est là, en effet. Le rouage modérateur fortement établi, on peut être sûr que la machine ne court plus risque d'être entraînée par une force d'impulsion désordonnée ni repoussée en arrière ou immobilisée par une force de résistance excessive.

Mais, par cela même que le rôle de ce rouage essentiel est considérable, on comprend qu'il doit être fait d'éléments tellement solides qu'il puisse contenir et diriger toutes les forces qui le sollicitent en sens contraire.

Quelle est, en effet, sa fonction ?

Placé entre le pouvoir exécutif, dont l'inévitable tendance est d'attirer à lui le plus d'autorité possible, et le pouvoir représentatif, émanation directe de la souveraineté nationale, dont l'incessante préoccupation est de revendiquer le plus de liberté possible, il faut qu'il empêche le premier d'aller au despotisme, et le second d'aller à l'anarchie. Pour cela il est indispensable qu'il soit, d'abord, absolument indépendant de l'un et de l'autre ; ensuite, qu'il ne se confonde avec aucun des deux ni par son origine ni par ses attributions ; enfin, qu'il représente, par lui-même, par sa nature, par son but, quelque chose de spécial, en dehors de l'exécutif et du législatif, qui ne soit représenté ni par celui-ci, ni par celui-là.

Ces vérités n'ont pas besoin de démonstration, et la pratique de tous les gouvernements constitutionnels les a consacrées autant que la raison les enseigne.

Si les institutions parlementaires ont poussé d'aussi profondes racines et porté d'aussi beaux fruits sur le sol britannique, c'est qu'à côté du pouvoir royal, s'exerçant par le monarque héréditaire, et du pouvoir populaire, s'exerçant par la Chambre élective, il y a la pairie, c'est-à-dire un corps privilégié, permanent, gardien de la tradition et des grands principes sociaux, indépendant de la couronne et du peuple grâce à l'hérédité, qui est sa garantie, et pouvant lutter efficacement contre tous les deux, grâce aux priviléges qui en sont la force et la sanction. La Chambre des Lords est ainsi fondée sur des droits personnels, qui se transmettent avec le sang et l'héritage et constituent une classe à part, dotée de très grandes prérogatives.

De même, le Sénat aux Etats-Unis, tout en prenant la forme qui convient à une démocratie, représente cependant quelque chose de fondamental et de permanent que le Congrès, expression mobile du droit populaire, ne saurait représenter ni défendre.

Elu par les Etats de l'Union, il est l'expression élevée de leurs droits souverains et de leur autonomie, base essentielle de la Constitution fédérale.

Dans l'antique république de Rome nous trouvons aussi un Sénat conservateur dont l'autorité fut toujours considérable ; mais Rome était une République aristocratique avec une puissante hiérarchie sociale, et le patriciat y jouissait de priviléges plus grands peut-être que dans aucune Monarchie.

Ainsi, le problème de la mécanique parlementaire a pour but essentiel de fixer les lois et les éléments constitutifs du troisième pouvoir conservateur, régulateur et pondérateur. Là où il est efficacement résolu, on peut dire que les institutions reposent sur de solides fondements. Le reste n'est plus qu'une affaire de pratique, de sagesse et d'intelligence. L'instrument donné, c'est à ceux qui le dirigent à le conduire dans les voies du progrès, de l'ordre, de la liberté, de la justice, de la morale et de la vérité. Il en est du régime parlementaire comme de tous les autres. Tant valent les hommes, tant valent les choses,

III

RÉPUBLIQUE ET MONARCHIE

On remarquera qu'en nous servant de ce mot
consacré : « le régime parlementaire », nous évitons
de l'appliquer plus spécialement à la Monarchie qu'à
la République, et que même, pour montrer comment
il peut fonctionner, nous avons pris nos exemples
indifféremment, soit dans les États monarchiques,
soit dans les Etats républicains. C'est qu'en effet les
institutions qui en sont l'essence peuvent s'adapter
sans difficulté à l'un ou à l'autre de ces gouvernements.

Pour ceux qui observent le fond des choses, et non
l'étiquette des mots, la Monarchie constitutionnelle
et la République parlementaire ont entre elles une
grande ressemblance, et ce qui les sépare, c'est bien
moins la nature que la dénomination des pouvoirs.
Une Monarchie parlementaire est une véritable
République avec un président héréditaire, une Répu-

blique parlementaire est une sorte de Monarchie avec un monarque temporaire. Mais, comme ni le roi dans une telle Monarchie, ni le président dans une telle République, ne sont le véritable souverain ; comme la souveraineté réelle et effective y réside toujours dans la nation représentée par des mandataires spéciaux ; comme le chef de l'Etat, quel que soit d'ailleurs le prestige de son autorité, n'y est que le premier des fonctionnaires publics, mais non un dictateur ni un despote, on peut dire que, dans les deux cas, le pays reste également maître de ses destinées, ce qui est la loi fondamentale de toute démocratie.

On a raillé, comme le fait d'ordinaire la légèreté française, le mot célèbre de Lafayette disant de la Monarchie de 1830 que c'était « la meilleure des Républiques ». Ce mot était aussi juste que profond. Il avait été prononcé bien avant lui par un des plus illustres précurseurs de la Révolution, par Montesquieu, dont les immortels écrits sont encore le Code et l'Evangile des institutions politiques. Montesquieu a bien compris que la Monarchie constitutionnelle est la formule à la fois la plus exacte et la plus sage de la démocratie, aussi l'appelle-t-il « un gouvernement où la République se cache sous la forme de la Monarchie ». (*Esprit des Lois*, V, 19.) — C'est dire évidemment que les institutions qui conviennent à l'une conviennent également à l'autre.

La Monarchie parlementaire respecte, en effet, tous les principes essentiels d'un gouvernement démocratique : Souveraineté nationale, élection des représentants du peuple, libre discussion des lois, pouvoir souverain des majorités, responsabilité des fonctionnaires publics, depuis les ministres jusqu'aux plus humbles agents de l'administration. Le roi, inviolable, irresponsable, reste en dehors de la direction journalière des affaires ; car, ainsi que l'a dit avec tant de justesse Cormenin, pour être inviolable et irresponsable, il faut être impeccable, c'est-à-dire ne pas agir. En un mot, dans ce système, et suivant une formule célèbre : « Le roi règne et ne gouverne pas ». Il n'intervient que dans les grandes circonstances, lorsqu'il s'agit de changer ses ministres, selon le vœu de la majorité, ou de faire appel au pays pour trancher un conflit plus ou moins grave. C'est le modérateur suprême qui, par sa permanence, donne à l'ensemble de la machine politique, une sorte de point fixe et de pivot autour duquel elle tourne et se meut en liberté.

La Monarchie constitutionnelle est donc bien, en effet, la meilleure des Républiques, en ce que, consacrant tout ce qui est de l'essence d'un État démocratique, elle ne lui enlève que les périls dont l'ordre public et la liberté sont toujours menacés par les crises qui, dans une République, accompagnent trop souvent le renouvellement périodique des pouvoirs du chef de l'Etat.

De nos jours, il n'y a évidemment plus de place que pour l'une ou l'autre de ces formules politiques. Des deux grands principes qui, depuis longtemps, sont en présence et en lutte dans le monde : le droit divin imposant l'autorité sans contrôle et sans limite, et le droit populaire fondé sur la liberté d'examen et de discussion, il serait superflu de démontrer ici que c'est le droit populaire, véritable expression de l'esprit et des besoins des sociétés modernes, qui a définitivement triomphé. Qu'on s'en afflige ou qu'on s'en félicite, c'est un fait irrévocable dont il faut désormais que tiennent compte tous les hommes de bon sens, et d'où doivent nécessairement partir tous les systèmes politiques.

Les expédients plus ou moins habiles, par lesquels on a cherché sous la première Restauration, et on cherche peut-être aujourd'hui encore, à conserver à la théorie du droit divin un simulacre d'existence, ne sont que des subtilités de forme impuissantes à modifier arbitrairement le fond des choses.

Qu'importe, en effet, que la Charte de 1814 ait été octroyée par le roi au lieu d'avoir été votée par les représentants du peuple ? Dès qu'elle consacrait les libertés conquises en 1789, l'égalité des citoyens devant la loi, le principe électif, le pouvoir des Cham-

bres, la responsabilité ministérielle èt surtout l'invio-
labilité du monarque, impliquant nécessairement son
abstention dans la direction des affaires publiques,
elle consacrait par cela même tous les droits de la
souveraineté nationale. En la proclamant, le droit
divin ne faisait pas, comme on l'a dit, une conces-
sion ; il signait son abdication.

Qu'importe encore que, demain, le comte de
Chambord, appelé au trône par la majorité de l'Assemblée nationale, maintienne cette fière et noble
attitude qu'il a prise dans toutes ses manifestations,
affîrmant qu'il n'est pas un prétendant mais un principe, et qu'il doit rester inébranlable dans la tradition dont il est le dépositaire ? Dès que la couronne
lui aura été déférée par un vote des représentants du
pays ; dès qu'il aura consenti à devenir le chef d'une
Monarchie constitutionnelle, avec le suffrage universel à la base et le contrôle des pouvoirs publics
au sommet, quels que soient la forme, le nom et le
symbole qu'on donne à son gouvernement, Monarchie légitime, Contrat entre le roi et le peuple, peu
importe ! il n'aura d'autre base que le droit populaire avec toutes ses conséquences logiques.

Ce n'est donc pas à l'étiquette des pouvoirs, c'est
à la nature des institutions qu'il faut s'attacher. Les
institutions parlementaires sont un mécanisme *sui
generis* où le nom qu'on donne aux rouages et aux

moteurs doit être assez indifférent, pourvu que ces rouages existent et puissent régulièrement fonctionner. Que la machine s'appelle Monarchie ou République, que le piston se nomme Congrès, Chambre des Communes ou Assemblée nationale; que le frein soit un Sénat ou une Chambre des Lords, dès que la force impulsive y vient de la volonté nationale et dès que la pondération générale s'y établit sans secousse par des contrepoids fortement organisés et sagement répartis, on possède, avec tous les vrais principes démocratiques, toutes les garanties de l'ordre et tous les éléments du progrès.

Mais, dans les deux systèmes de gouvernement, ces nobles institutions se heurtent à un double danger qui en a, trop souvent, altéré la nature et bouleversé l'équilibre. Dans la Monarchie, c'est l'abus du pouvoir personnel; dans la République, c'est l'abus du pouvoir populaire.

On a beau faire, en effet; la nature humaine reste toujours avec ses infirmités et ses faiblesses, et, ni pour les rois ni pour les peuples, l'infaillible sagesse n'est de ce monde. Il est difficile qu'un monarque, aussi loyalement parlementaire qu'on le suppose, assis sur un trône majestueux, à un sommet où l'orgueil est facile, entouré de courtisans, de flatteurs et bien plus encore d'intrigants, ne succombe pas à la tentation de faire prévaloir et d'imposer ses volontés.

Il est non moins difficile pour une Assemblée issue du suffrage universel, dont le mandat périodiquement renouvelé exprime avec exactitude toutes les nuances de l'opinion et se retrempe sans cesse à la source même de la souveraineté, de ne pas se considérer comme supérieure à tous les autres pouvoirs et de ne pas tendre à une suprématie absolue.

Les ambitions du pouvoir personnel et des Assemblées sont le double écueil du régime parlementaire. Elles le faussent, le dénaturent, le détruisent et aboutissent fatalement au despotisme.

Voilà le danger contre lequel il faut prendre les plus attentives précautions ; voilà l'ennemi toujours menaçant contre lequel il faut organiser la force défensive. Or, cette force ne peut se trouver que dans les contrepoids énergiques dont la double fonction est d'arrêter les tentatives du pouvoir personnel lorsqu'il aspire à la dictature, et celles du pouvoir populaire lorsqu'il prétend à l'omnipotence. Sans le frein puissant qui agit sans cesse dans l'intérêt de la liberté contre les entreprises du césarisme et dans l'intérêt de l'ordre contre le débordement des partis, la société tout entière serait livrée chaque jour aux éventualités brutales d'un coup d'État autoritaire ou d'un coup de main révolutionnaire, et la stabilité comme le progrès ne seraient qu'un vain mot, perpétuel jouet des événements, caprice de la force et du hasard. Là encore apparaît l'impérieuse nécessité de ce troisième élément destiné à modérer et à contenir les deux autres.

Et cette nécessité, si l'on peut ainsi parler, est plus grande encore dans une République que dans une Monarchie, car l'histoire atteste par trop d'exemples terribles, combien, dans les démocrates, les entraînements populaires sont plus redoutables que les entraînements de la royauté et à quelles abominations aboutit le despotisme irresponsable et inconscient des masses et des Assemblées.

Mais, ces rouages, qui sont le mécanisme des institutions, ne valent eux-mêmes que par la façon dont ils sont mis en mouvement et par l'harmonie générale de leur marche. A la machine politique, comme à toute autre, il faut non-seulement de bons ingénieurs et des conducteurs habiles, mais encore tout un ensemble de circonstances ambiantes déterminées par l'état du sol sur lequel elle passe, des intérêts qu'elle doit servir et des populations qu'elle entraîne. En deux mots, elle exige la sagesse dans le gouvernement, l'ordre dans la société et dans les esprits.

Le régime parlementaire est, de tous les systèmes, celui qui peut le moins se passer du concours et de l'appui des mœurs publiques et, là où il a brillamment réussi, c'est précisément parce qu'il a été ap-

pliqué à des peuples fortement instruits non-seulement dans le sentiment de leurs droits, mais dans
la pratique de leurs devoirs, amis de l'ordre et de la
liberté, sachant en comprendre et s'en imposer au
besoin les conditions essentielles, ayant le respect
de la loi, obéissant, avec déférence, à ceux qui ont
mission de l'exécuter, et, tous, pénétrés de cette
vérité que la garantie de notre propre liberté est dans
les sacrifices mêmes que nous faisons à la liberté
d'autrui et au maintien de la paix publique.

Avec une mauvaise éducation politique, les meilleures lois et les meilleures institutions ne peuvent
produire que de détestables résultats. De tous les
contrepoids que la science politique peut désirer, le
plus efficace, c'est le frein de l'opinion. C'est elle,
en effet, qui groupe à propos toutes les forces con-
servatrices contre la licence ou toutes les forces libérales contre la tyrannie. Quelle que soit la puissance d'un Sénat, il y a toujours quelque chose qui
a plus de force pour ramener dans la voie régulière
ceux qui s'en écartent, c'est l'opinion; il y a toujours
quelqu'un qui est plus habile et plus fort que quelques-uns, c'est tout le monde.

IV

CAUSES DE L'INSUCCÈS DU RÉGIME PARLEMENTAIRE

Nous venons de définir à quels signes se reconnait et à quelles conditions se fonde le régime parlementaire. Demandons-nous maintenant pourquoi il n'a pas pu jusqu'à présent s'établir solidement en France ?

On en a cherché la raison dans certaines causes accidentelles, dont il ne faut certainement pas méconnaitre l'influence, mais qui n'en donnent cependant pas une suffisante explication.

En 1791, on est généralement porté à en accuser les passions démagogiques ; en 1830, l'imprudence de Charles X et l'audace insensée de M. de Polignac; en 1848, l'aveuglement de Louis-Philippe et l'obstination doctrinaire de M. Guizot ; en 1870, le vertige qui a poussé l'Empire à la guerre. Il y a du vrai dans ces opinions; mais les fautes déplorables qu'elles mettent en relief, si elles font comprendre pourquoi sont tombés les pouvoirs qui les ont commises, n'expliquent pas l'insuccès permanant des institutions parlementaires.

Sans doute, les excès de la populace déchaînée ont faussé la pensée civilisatrice du mouvement de 1789 et empêché l'application des grandes vérités qu'avaient entrevues et proclamées les hommes de la Constituante. Mais, le désordre fini et réprimé, pourquoi la France, en possession de ces vérités éclatantes, ne les a-t-elle pas mises en pratique, comme l'a fait l'Angleterre après sa révolution ?

Sans doute, si Charles X n'avait pas signé ses fatales ordonnances, s'il s'était entouré de ministres libéraux au lieu de livrer la situation à des ministres réactionnaires, il aurait pu régner longtemps encore dans les conditions de la Charte qu'il avait jurée. Mais pourquoi, après 1830, voyons-nous la Monarchie constitutionnelle exposée aux mêmes périls qui ont conduit la Restauration à l'abime ?

Sans doute, si Louis-Philippe, malheureusement soutenu par l'inflexible volonté de son premier ministre, n'avait pas refusé obstinément cette modeste réforme électorale que le pays réclamait de toutes parts, s'il n'avait pas surexcité le mouvement d'opposition en interdisant maladroitement les banquets, les événements de Février n'auraient pas éclaté tout d'un coup avec leurs lamentables conséquences. Mais, pourquoi, après cette révolution faite au cri pacifique de « Vive la Réforme ! » voyons-nous plus éloigné que jamais l'avénement de ce gouvernement pondéré après lequel la France court sans cesse depuis quatre-vingts ans sans jamais parvenir à l'atteindre ?

Sans doute encore, si l'Empire, entré à peine dans les difficultés du régime parlementaire, n'avait pas commis l'insigne folie de jouer les destinées de la patrie et de la dynastie dans une lutte contre l'Allemagne, nous n'aurions vu ni le coup de main du 4 Septembre, ni les horreurs de la Commune, ni ces abominables doctrines du radicalisme qui risquent de faire rétrograder de nouveau la vraie liberté devant la terreur qu'elles inspirent ? Mais, pourquoi, l'Empire renversé, la Commune vaincue, lorsqu'il s'agit de rétablir l'ordre social et de reprendre la tradition libérale de nos devanciers, nous retrouvons-nous en face des mêmes problèmes, toujours menaçants, toujours insolubles ?

Certes, ce sont presque toujours les fautes des gouvernements qui amènent leur chute. Mais, quand on les voit tous échouer invariablement sur le même écueil, lorsqu'aucun n'a pu profiter de la funeste expérience de ceux à qui il a succédé, lorsque, avec une persistance extraordinaire, les mêmes effets sont constamment produits par des causes identiques, tout observateur vraiment impartial doit se dire que les révolutions qui ne cessent d'agiter notre malheureux pays, sont bien moins le résultat fortuit d'une mauvaise direction politique que le symptôme grave d'un mal organique et profond.

On s'est borné, dans ces lamentables circonstances, à crier bien fort contre le monarque malavisé ou le mauvais ministre qui ont déterminé la catastrophe. On s'est contenté d'élever au pouvoir un autre parti ou un autre ambitieux quelconque qui ont, purement et simplement, imité ceux dont ils ont eu la chance de prendre la place, et, suivant une remarque spirituelle, ont joué le même air sur un autre instrument.

On aurait dû comprendre que cette périodicité de commotions sociales tenait à des causes plus fondamentales ; qu'un grand pays ne s'agite pas ainsi sans trève, comme un malade dans son lit, s'il n'y a pas dans ses institutions, dans ses lois ou dans ses mœurs des vices invétérés d'où résulte un état permanent de malaise, aussi fatal pour ceux qui gouvernent que pour ceux qui sont gouvernés. Dès lors, c'est dans l'organisation même du corps social qu'il fallait chercher le principe du mal et le remède. C'est ce que l'on n'a pas fait jusqu'à présent. On a changé les hommes; on a modifié les appellations des pouvoirs; on a réformé les mots; on n'a pas réformé les choses. Les gouvernements ont passé; les institutions sont restées. Suivant le mot pittoresque de Louis XVIII, les nouveaux venus se sont couchés sans façon dans le lit de leurs prédécesseurs. La Restauration a trouvé excellents les matelas de l'Empire; la royauté de Juillet n'a pas trop mal dormi sur l'oreiller de la Légitimité, et la République elle-même s'est installée cavalièrement, sans y rien changer, dans les appartements de la Monarchie.

L'heure est venue de creuser plus profondément ce redoutable problème et de se demander enfin si, en dehors des accidents qui naissent, comme l'incendie d'une étincelle, des fautes du pouvoir, des intrigues des ambitieux ou des complots des partis, il n'existe pas chez nous des causes radicales de nature à expliquer, si elles ne les justifient pas, les crises périodiques qui nous déshonorent, nous épuisent et nous tuent.

Caractérisons, en quelques mots, le diagnostic de cette affection chronique !

Chez nous, la liberté, et, par conséquent, le régime parlementaire, dont elle est le fruit naturel, ont deux ennemis terribles : l'un est la centralisation ; l'autre est le suffrage universel ; ou plutôt l'un est la passion de l'unité, l'autre est la passion de l'égalité, qui, toutes deux filles de 89, ont tellement pénétré notre caractère national qu'elles sont devenues dans notre tempérament politique, en quelque sorte, une seconde nature.

Nous sommes une démocratie unitaire et égalitaire dans la plus complète acception du mot. Les réformateurs de la fin du dernier siècle, beaucoup plus préoccupés de l'idée d'égalité et d'unité nationale que de liberté, ont passé, dans une nuit fameuse, le niveau le plus inflexible sur tous les priviléges qui constituaient la hiérarchie sociale, en même temps qu'ils ont supprimé d'un trait de plume toutes les divisions territoriales qui étaient les remparts de l'indépendance provinciale.

C'est de là qu'est venu le mal dont nous souffrons. Ces mesures radicales, dont les conséquences n'ont certainement pas été entrevues par leurs auteurs, exagérées par l'esprit de parti, exploitées par tous les ambitieux, à qui elles donnaient, sans qu'on l'eût prévu, les plus puissants instruments de domination, nous ont fait cette situation troublée, indécise, livrée tour à tour à toutes les dictatures et à tous les désordres, où les forces les plus opposées, agissant sans contrepoids, au gré des passions qui les mettent en jeu, empêchent, bouleversent ou détruisent, à chaque instant, cet équilibre politique et social qui est la seule base des institutions libérales.

Que la centralisation et le suffrage universel soient les plus grands ennemis du régime parlementaire, c'est ce qu'un examen impartial va prouver aisément à tous les hommes de bonne foi.

V

L'ÉGALITÉ ET LE SUFFRAGE UNIVERSEL

Il serait superflu de démontrer que l'esprit d'égalité a été le véritable inspirateur de la Révolution de 89. Il suffit de consulter les cahiers des Etats pour se convaincre que la réforme, dont la nation entière demandait alors la réalisation immédiate, avait pour but essentiel la proclamation de l'égalité absolue de tous les citoyens devant la loi. Ce mouvement général de l'opinion eut sa sanction éclatante dans la nuit du 4 août et, dès ce moment, on peut dire que la Révolution était faite. L'ordre ancien avait disparu ; les classes privilégiées avaient abdiqué ; le système féodal avait consenti lui-même à sa déchéance ; il n'y avait plus désormais qu'une seule loi s'étendant à tous sans distinction. Sieyès crut naïvement que c'était l'avénement du Tiers-Etat, c'est-à-dire de cette

bourgeoisie qui, depuis le XIIe siècle, s'émancipant
peu à peu et successivement, des seigneurs et de la
royauté, par les franchises municipales et communa-
les, par les Etats généraux, par les Parlements, et, au
besoin, par les émeutes, avait fait tant et de si énergiques efforts pour arriver au pouvoir! Non, c'était
l'avénement du peuple tout entier, et la logique même
de cette Révolution profonde força les législateurs
à inscrire en tête du Décalogue de la société nouvelle, non pas seulement les droits du citoyen mais les
droits de l'homme, non pas seulement les principes
de la loi sociale, mais ceux de la loi naturelle, supérieurs à tous les autres.

L'égalité originelle, ainsi reconnue, reconquise
et proclamée, quelle en fut la conséquence nécessaire? Ce fut, comme doctrine, la souveraineté
nationale; comme application, le suffrage universel.

La souveraineté nationale et le suffrage universel
sont des vérités sociales aussi justes en théorie que
l'idée d'égalité. Tous les hommes étant égaux, tous
les citoyens ayant les mêmes droits et supportant
les mêmes charges, comment refuser à l'un d'eux
une part quelconque de cette souveraineté populaire qui est le patrimoine commun? Chacun d'eux
n'est-il pas, à un titre identique, membre du corps
social et partie intégrante du souverain? Tous ont
donc été appelés également à exercer, dans toute

sa plénitude, le droit d'élire les mandataires du peuple, qui est l'attribut le plus considérable de la souveraineté.

Qu'est-il résulté de là? Il en est résulté fatalement que, par le suffrage universel, le pouvoir souverain est devenu l'apanage du nombre, au lieu d'être le privilège de l'intelligence. Or, le nombre, c'est la multitude, avec ses entrainements, ses instincts farouches, sa mobilité, son impressionnabilité, ses appétits insatiables, sa haine traditionnelle contre tout ce qui s'élève au-dessus du niveau des masses. En de pareilles mains que peut être le suffrage universel, sinon un instrument de révolution? La pente est fatale et le peuple, poussé par ses propres sentiments autant que par des meneurs habiles, attentifs à capter sa confiance en flattant ses mauvaises passions, y roule rapidement de l'opposition à la révolte, des revendications les plus légitimes aux plus monstrueuses exigences.

Grâce à l'égalité de tous devant la loi, rien ne peut plus faire contrepoids à cette impulsion désordonnée, à cette omnipotence du nombre. Qu'elles soient intelligentes ou inconscientes, honnêtes ou perverses, raisonnées ou passionnées, les voix ne comptent pas plus l'une que l'autre dans l'urne des scrutins populaires. A un jour donné la puissance appartient donc infailliblement et sans partage à ceux qui sont les plus nombreux. On s'inquiète avec raison des progrès qu'a faits parmi nous le parti radical, expression malheureusement trop fidèle des idées et des passions des masses ; il faut s'étonner qu'ils n'aient pas été encore plus complets et plus terribles. Mais ce n'est malheureusement qu'une question de temps.

Si l'on ne trouve pas un moyen d'y faire obstacle, le suffrage universel installera, tôt ou tard, parmi nous le radicalisme légal qui, renversant d'un seul coup les dernières assises sur lesquelles repose encore l'ordre social, abolira la famille et la propriété, supprimera tous les pouvoirs, proclamera non pas seulement la sainteté de l'insurrection mais la sainteté de l'anarchie, et effacera du code des nations jusqu'à l'idée de Dieu, sanction gênante de la loi morale.

Les hommes de 89 ne rêvaient que le triomphe de la bourgeoisie. En instituant le suffrage universel, c'est le triomphe de la populace qu'ils ont assuré.

Le plus grand mal qu'aient produit l'égalité sans réserve et le suffrage universel sans limite a été de rendre impossible tout gouvernement pondéré. Le peuple étant tout, pouvant et osant tout, il n'y a en effet plus de place pour un autre pouvoir, pour une autre action ni pour une autre autorité. Jamais démocratie aussi absolue n'a paru dans le monde. Rome, Athènes, Venise avaient été des démocraties puissantes, mais elles avaient fortement organisé, contre le pouvoir populaire, de grandes aristocraties qui en étaient les salutaires contrepoids. Les Etats-Unis et la Suisse sont des démocraties dans le sens le plus élevé du mot, mais leur système fédératif et l'autonomie des Etats confédérés y arrêtent et y modèrent l'élan désordonné du droit populaire. En France, rien de semblable, pas de frein, pas de barrières, pas de hiérarchie. Le suffrage universel représentant tous les droits, tous les intérêts, et tous les citoyens étant la souveraineté sans partage, et la plus jalouse et la plus exclusive des souverainetés, ne permet à personne non-seulement de se placer au-dessus de lui mais même de se placer à côté de lui. C'est le maître absolu, il faut lui obéir sans résistance. Le droit divin admettait jusqu'à un certain point des forces sociales et politiques qui limitaient sa puissance héréditaire. Le droit populaire, par une logique poussée à l'extrême, n'en peut point admettre et n'en souffre aucune. Aussi, la formule la plus exacte du gouvernement dans une démocratie ainsi livrée sans obstacle à l'omnipotence du suffrage universel, c'est la Convention, et l'on voit en effet que, chez nous, la proclamation de la République a toujours abouti au despotisme d'une Assemblée unique. Telle

elle a été en 1792, telle nous l'avons vue en 1848, telle nous la retrouvons aujourd'hui. L'esprit de cette Assemblée omnipotente a sans doute et heureusement différé à ces diverses époques. Sanguinaire et tyrannique sous la Terreur, modérée en 1848, maintenant conservatrice et pacifique, c'est cependant toujours la même autorité sans limite. Convention rouge ou Convention blanche, c'est toujours la souveraineté absolue, pouvant tout ce qu'elle veut, imprimant au moindre de ses actes le caractère de la souveraineté nationale et ne se tempérant que par sa propre sagesse. C'est le despotisme intelligent ou déraisonnable, bienveillant ou violent; c'est toujours le despotisme et c'est en vain que, dans ce système, on chercherait le moyen d'organiser un régime de pondération et d'équilibre.

Il est hors de doute que les réformateurs de 89 ont voulu sérieusement et sincèrement établir en France les institutions libérales de l'Angleterre. Ils étaient trop fortement imbus des idées de Montesquieu pour qu'il en fût autrement et toutes leurs délibérations en sont le témoignage caractéristique. Malheureusement, ils ne s'aperçurent pas qu'ils frappaient d'avance leur œuvre de stérilité en lui enlevant, dès le principe, les seuls éléments qui pouvaient la rendre féconde, c'est-à-dire en détruisant la hiérarchie sociale et les priviléges politiques sur lesquels repose si puissamment l'édifice des institutions britanniques. Ils n'eurent pas même l'air de se douter alors que la Monarchie représentative n'était possible qu'avec le concours de deux Assemblées se faisant un mutuel contrepoids. Dans leur fougueux amour pour l'égalité, dans leur impatience d'effacer les dernières traces des inégalités féodales, ils ne comprirent pas qu'ils allaient livrer la France à la loi brutale du nombre au lieu de laisser le pouvoir à la direction intelligente et modérée des grands intérêts conservateurs et civilisateurs. La fameuse nuit du 4 août fut un élan d'enthousiasme aussi admirable comme patriotisme qu'insensé comme idée pratique. Il fonda la démocratie et prépara, comme nous l'avons dit, le triomphe prochain de la démagogie, mais il rendit à jamais impossible tout gouvernement pondéré.

Où trouver, dans ce système absolu, les éléments d'une seconde Chambre ? On ne l'essaya même pas. A l'organisation des trois pouvoirs qui sont l'essence et la force du régime parlementaire, on substitua une formule vague, comme il en surgit tout d'un coup dans les jours de trouble et de révolution sans qu'on se rende bien compte de ce qu'elles valent. Cette formule se résuma dans la trilogie célèbre : la Nation, la Loi, le Roi. La souveraineté populaire et l'autorité royale, liées l'une à l'autre et unies par la toute-puissance de la loi qui devait à la fois définir leurs pouvoirs respectifs et les dominer. Mais la loi n'est pas un pouvoir ; elle n'est qu'une manifestation de la souveraineté publique. Or, la loi, de qui émanait-elle ? De la nation représentée par ses mandataires et agissant dans son omnipotence sans que rien pût en arrêter l'essor ni le caprice. Il est vrai qu'on accorda au roi le droit de veto ; mais c'était décréter le conflit à l'état permanent ; et, entre la volonté de la nation, avec la force irrésistible de l'opinion, et la volonté du monarque, seul contre tous, suspect à tous, la lutte ne pouvait jamais aboutir qu'à la défaite, à l'affaiblissement et à la déconsidération de la royauté. Ce droit de veto n'était donc qu'une arme vaine qui ne pouvait que se briser au moindre choc entre les mains de celui qui s'en servirait et que tous les partis devaient infailliblement retourner contre lui.

Plus tard, lorsque la Restauration revint aux principes de la Monarchie constitutionnelle, on essaya de réparer cette fatale erreur. On institua la pairie héréditaire, à l'exemple de Grande-Bretagne. Mais qu'est-ce que l'hérédité sans le privilége et comment rétablir le privilége dans un pays désormais fanatique de l'égalité ?

La Révolution de 1830 a renversé d'un souffle l'hérédité de la pairie, qui était en effet illogique dans le système général de notre droit public. Mais que lui a-t-elle substitué ? Une pairie de fantaisie dont les membres nommés par le roi, en nombre illimité, n'étaient, en réalité, qu'un conseil supérieur de la couronne et, ne répondant à aucun intérêt social, ne représentaient évidemment dans le vote des lois et dans la direction de la politique générale que les idées du monarque et du pouvoir exécutif. C'était ainsi la dualité sous une autre forme, mais avec tous ses inconvénients ; ce ne pouvait être la pondération. Aussi, l'opinion ne s'est-elle jamais trompée sur l'impuissance de cette institution hybride et 1848 l'a balayée dédaigneusement sans même lui faire l'honneur de s'occuper d'elle.

Le premier et le second Empire ont eu aussi leur Sénat conservateur ; mais, dans un système de gouvernement où le Corps législatif lui-même, bien que sorti de l'élection populaire, n'avait qu'une influence subalterne, où toute l'autorité se concentrait de fait dans le pouvoir suprême du chef de l'Etat, quel pouvait être le rôle, quelle pouvait être l'autorité d'un Sénat nommé par l'Empereur et n'ayant d'ailleurs aucun droit d'intervenir dans le vote des lois ni dans la direction des affaires publiques ? Ce ne fut et ce ne pouvait être qu'une haute dignité, conférée par la faveur impériale à des services qu'on récompensait ainsi au moyen d'une dotation importante et d'une sinécure solennelle. Ce n'était pas à coup sûr un rouage actif et efficace dans le mécanisme général des pouvoirs publics, et c'était encore moins un pouvoir. Être sénateur, ce fut un titre et une étiquette honorable pour des hommes arrivés à l'âge où l'on aime ce que les Romains appelaient : *Otium cum dignitate*. Et, en effet, dans la première période du dernier règne, le Sénat de l'Empire n'a guères fait parler de lui. Lorsqu'en 1867 Napoléon III jugea le moment arrivé d'élargir la base de son gouvernement en lui donnant une forme plus libérale, il voulut associer le Sénat à cette réforme constitutionnelle, et il lui conféra à peu près les attributions qu'avait la Chambre des pairs sous la Monarchie de Juillet. Mais, pas plus que cette dernière, il ne pouvait correspondre à aucun principe ni à aucun intérêt social. La conscience publique ne l'a pas pris davantage au sérieux. Au reste, l'expérience a sombré dans la catastrophe où a péri l'Empire. Le Sénat n'a rien pu prévoir ni rien empêcher; il n'a joué aucun rôle sérieux dans cette lamentable tragédie, et, quand sont venus les jours néfastes, qu'a-t-il pesé dans la balance des événements?

Ainsi, sous toutes les formes et à toutes les époques, la France a essayé de constituer ce troisième pouvoir, cette Assemblée modératrice qui est destinée tantôt à retenir, tantôt à activer l'impulsion et à protéger les intérêts permanents de l'ordre social ; et jamais elle n'a pu y réussir. Pourquoi ? Parce qu'une telle institution est incompatible avec la doctrine absolue de l'égalité ; parce qu'en présence du suffrage universel qui représente tout, elle ne peut plus rien représenter. Dès lors, de quelque façon qu'on l'organise, loin d'être le frein qui modère et qui dirige les élans populaires, elle est au contraire fatalement condamnée à rester toujours, devant l'opinion, dans une situation inférieure, on pourrait même dire subalterne par rapport à la Chambre élective composée de ceux que le peuple peut à bon droit considérer comme ses seuls mandataires directs.

Voilà où aboutissent fatalement, dans une démocratie unitaire, le principe de l'égalité absolue et la pratique du suffrage universel. L'un et l'autre mettent le pouvoir aux mains de la multitude, au lieu d'en faire la noble prérogative de l'intelligence, du patriotisme et de l'honnêteté ; l'un et l'autre opposent un obstacle insurmontable à la constitution d'un pouvoir régulateur et conservateur. Ils sont ainsi doublement les ennemis de la liberté et de l'ordre.

Que faire cependant ? Porter atteinte au principe de l'égalité et rétablir en partie le régime du privilége ? Non. L'égalité est trop profondément entrée dans nos mœurs pour qu'on puisse y toucher. Toute tentative dans ce but provoquerait des mouvements d'opinion et des commotions de la nature la plus périlleuse. Il ne faut pas jouer avec un pareil feu. L'incendie serait bientôt allumé.

Restreindre le suffrage universel? Ce serait bien plus dangereux encore. Le suffrage universel est une conquête trop précieuse aux masses et à ceux qui les mènent pour qu'on puisse songer à la leur enlever désormais!

Non! il faut vivre avec ce double ennemi et prendre son parti d'un état de choses qu'on chercherait en vain à modifier. Mais peut-être est-il plus facile qu'on ne croit de résoudre ce redoutable problème, en en modifiant les termes et en le plaçant sur un autre terrain que celui où on a l'habitude de le considérer. C'est là le but de cette étude; mais, avant de l'aborder, il nous faut caractériser un autre ennemi non moins terrible des institutions parlementaires.

IV

L'UNITÉ NATIONALE ET LA DÉCENTRALISATION

Ce qui a nui parmi nous à l'établissement d'un gouvernement pondéré, plus encore peut-être que le principe de l'égalité, c'est le principe de l'unité nationale. Admirables dans leurs conceptions, les auteurs de la Révolution de 89 ont été malheureux et mal inspirés dans l'application de leurs doctrines. Certes, l'égalité est un droit naturel que la loi sociale doit reconnaître et sanctionner; mais, quand il est exclusif et illimité, nous avons vu à quelles conséquences il aboutit. L'idée d'unité nationale n'est ni moins grande, ni moins légitime, ni moins respectable. Il faut admirer, il faut élever bien haut, il faut environner de toute la majesté et de toute l'autorité de la loi, ce noble et généreux sentiment qui associe énergiquement, dans une étroite solidarité d'intérêts, de législation, de mœurs et de langage, tous les en-

3.

fants d'une même patrie ! Nous savons tous ce qu'il
peut produire, et à quel point il excite et enflamme
les grands dévouements et les grandes vertus civiques. Mais, quelles que soient sa nécessité et sa splen-
deur, l'unité, comme l'égalité, exige des tempéra-
ments et des contrepoids. Ce qui s'est passé sous nos
yeux, depuis près d'un siècle, en est la preuve irré-
cusable.

Lorsque les législateurs de la première Révolution décrétèrent l'unité nationale comme conséquence nécessaire du renversement de la féodalité,
ne voyant que le but, ils calculèrent mal les moyens.
Ils brisèrent d'un seul coup toute cette vieille organisation provinciale qui n'apparaissait à leurs yeux
que comme la citadelle du droit féodal. La Bretagne,
la Normandie, la Provence, le Languedoc, la Bour-
gogne, l'Alsace, toutes ces antiques agglomérations
de races, de coutumes, de traditions et d'intérêts, si
fortement enracinées dans le sol par le travail des
siècles, furent rayées d'un trait de plume. Il n'y eut
plus qu'une France, une et indivisible, étendant aux
extrémités les plus reculées de son territoire les bien-
faits d'une large réforme sociale et politique, et renversant toutes les barrières territoriales comme elle
avait détruit tous les priviléges. Ce fut sublime, mais
ce fut terrible ! Pour quiconque veut y réfléchir sans
passion, en écartant ce qu'une pareille inspiration

offre de grandiose à l'esprit, — *unus populus, una fides, una lex,* — il est en effet trop évident que la façon dont cette belle idée a été appliquée est la cause la plus directe de toutes les révolutions qui, depuis cette époque, n'ont cessé d'agiter notre malheureux pays.

La grande faute de ceux qui ont présidé au mouvement révolutionnaire de 89 a été, presqu'en toute chose, de faire d'abord table rase, espérant ainsi bâtir plus aisément sur un sol entièrement déblayé l'édifice de la civilisation moderne. Mais on ne brise pas du jour au lendemain avec une tradition historique de quatorze siècles, sans amener de vastes et profonds bouleversements ; il faut des siècles de patience et d'efforts pour refaire l'éducation politique d'un peuple entier, et remplacer par un nouveau patrimoine le vaste héritage du passé.

Parmi les institutions de l'ancien régime auxquelles il importait de ne toucher qu'avec une extrême prudence, était en première ligne l'organisation de la province.

La province ne s'était pas constituée arbitrairement par un caprice du pouvoir, ni dans un intérêt politique quelconque; elle était sortie de la nature même des choses. Elle s'était formée par des affinités de races, d'idiômes, de coutumes et même de climats qui répondaient à la constitution ethnographique des divers peuples réunis sur le sol de l'ancienne Gaule. Ces groupements, déterminés par une foule de causes essentielles ou accidentelles, remontaient à l'origine même de la Monarchie et s'étaient développés, classés et fortifiés avec elle. La France est et a toujours été une grande famille de peuplades distinctes que le temps, la similitude des intérêts et des sentiments ont soudées indissolublement l'une à l'autre, de telle sorte que rien n'a pu ensuite les séparer, ni affaiblir leur solidarité. Néanmoins, elles ont toujours conservé leur physionomie particulière et leur type original, malgré le travail d'assimilation et de cohésion qui s'est opéré parmi elles. Certainement, il y a un esprit national, un génie national, un caractère national, en France, comme il y a un territoire national, et la configuration géographique y démontre que nul autre pays n'est mieux créé par la nature même pour l'unité ; mais si tous les Français se ressemblent dans le sentiment, l'instinct et l'élan de leur patriotisme, il est impossible de ne pas reconnaître les différences caractéristiques qui spécialisent les races diverses dont se compose l'ensemble de cette grande et éclatante nationalité. Rien ne ressemble moins à un Breton qu'un Provençal, à un Gascon qu'un Normand, à un Bourguignon qu'un Flamand, à un Alsacien qu'un Béarnais. Pour poursuivre la comparaison, on peut dire de toutes ces races particulières que, toutes filles d'une seule mère, elles ont pourtant chacune un type *sui generis*, qu'elles tiennent de leur nature même ou de leur éducation, et qui leur donne une physionomie originale. C'est la ressemblance de famille dans la variété personnelle. *Facies non omnibus una, non diversa tamen qualis docet esse sororum !*

Ce phénomène tenait si profondément à une loi naturelle et peut-être organique, qu'il a survécu partout à la dissolution des anciennes provinces. Ces vieilles familles de peuples subsistent encore, avec tous leurs caractères constitutifs, malgré l'unification forcée où on a voulu les confondre et les amalgamer. Rien n'a pu effacer chez ces races antiques l'empreinte indélébile de leur origine. Les mœurs et la tradition ont conservé aux lieux qu'elles habitent depuis tant de siècles les délimitations historiques que la Révolution a prétendu supprimer par un simple article de loi. Les Bretons, les Provençaux, les Gascons, les Normands, etc., sont certainement, avant tout, Français de cœur et d'âme; mais ce sont toujours des Français bretons, provençaux, gascons ou normands, et le génie, les idées et le type de leurs races se sont perpétués chez eux avec le sang et l'héritage de leurs pères.

C'est donc en vain qu'on a aboli l'antique organisation provinciale. Le nom a disparu; la chose est restée. Mais ce que l'on a tué, c'est l'action considérable et éminemment utile qu'elle exerçait dans le mouvement général de la politique nationale, et c'est en cela surtout que le mal a été grand et profond.

L'autonomie provinciale a en effet rempli un très grand rôle sous l'ancienne Monarchie, et elle a agi non-seulement comme contrepoids à la souveraineté absolue du pouvoir royal, mais aussi et plus souvent encore dans un grand intérêt de patriotisme, de conservation et de progrès.

Sans doute, à l'époque féodale, c'est surtout au profit d'une foule de petits tyrans locaux que cette autonomie s'était constituée. L'indépendance des provinces était comme une citadelle formidable, où le grand vassal, maître tout-puissant, bravant le monarque son suzerain, tenait en échec la royauté et n'hésitait pas à engager contre elle une lutte sanglante. Lorsque Hugues Capet demandait avec hauteur, à un de ces souverains en miniature : « Qui t'a fait comte ? » celui-ci lui répondait fièrement : « Qui t'a fait roi ? »

Mais, à côté de ces résistances, qui ne sont que des incidents au milieu des gloires de la noblesse française, combien de fois, au contraire, l'indépendance provinciale n'a-t-elle pas sauvé la patrie commune et servi la cause du droit, de la justice et de la liberté ?

L'Angleterre triomphante a pu envahir le sol de la France, occuper et posséder plus de la moitié du territoire, et planté sur les murs de la capitale le drapeau des léopards, mais la France est restée debout, et le petit roi de Bourges, soutenu par le dévouement des provinces encore indépendantes, a pu reconquérir son royaume et chasser enfin l'étranger.

La Ligue a vainement dominé à Paris, et y a sacré un roi de fantaisie. Les forces que Henri IV a trouvées dans les grandes provinces lui ont permis de poursuivre cette guerre, au bout de laquelle il a conquis et si fortement assis le trône des Bourbons.

Et n'a-t-on pas vu, en un autre sens, quelle force de résistance l'autonomie provinciale a donné au protestantisme militant dans sa longue et émouvante lutte depuis Charles IX jusqu'à l'abolition de l'édit de Nantes?

D'ailleurs, au point de vue politique, si le système féodal était inconciliable avec le principe de la liberté et de l'égalité, il est impossible de ne pas reconnaître, dans la puissante organisation de l'ancienne aristocratie, des éléments de force et d'équilibre qui étaient aussi favorables, suivant les circonstances, à l'autorité du gouvernement qu'aux intérêts des populations.

Enfin, il suffit de se rappeler toutes les grandes leçons de notre histoire pour constater qu'au point de vue moral, grâce aux vertus traditionnelles de la vie de province, aux nobles stimulants qui y agissaient de plus près et plus fréquemment, et la hiérarchie sociale qui y était plus respectée, aux habitudes d'ordre, de travail et d'économie qui y prévalaient, il y régnait comme une atmosphère saine et vivifiante, où les sentiments et les intérêts conservateurs se développaient mieux et avec plus de force que dans toute autre condition. C'est incontestablement à elle que nous avons dû les grands caractères, les grands hommes et les esprits vraiment pratiques qui ont, à diverses époques, honoré et illustré notre pays.

Eh bien ! cette œuvre que la nature elle-même avait commencée, que le travail des siècles avait fécondée, qui était, en quelque sorte, la base même de l'édifice national, la Révolution de 89 l'a brisée en un jour, sans exception, sans réserve !

Fallait-il donc la conserver ? C'eût été sans doute difficile, en présence d'un changement aussi profond que celui qu'apportait, dans tous les éléments de la Société moderne, le double principe de l'égalité et de l'unité ! Mais, au lieu de détruire, ou pouvait s'appliquer à réformer. En supprimant le droit féodal, rien n'empêchait d'utiliser, dans l'esprit libéral de l'ère nouvelle, les forces considérables que la province pouvait mettre en jeu pour le triomphe des idées de liberté et de progrès. On pouvait, sans inconvénient, maintenir les divisions territoriales de l'ancienne Monarchie, tout en les pliant aux lois et aux améliorations reconnues nécessaires. En un mot, c'est là seulement qu'on aurait trouvé un frein indispensable contre les abus du principe unitaire, dont on faisait, comme de la doctrine égalitaire, le but et la passion du mouvement de 89 !

Au lieu de cela, qu'a-t-on fait ?

On a remplacé, brusquement, sans transition, sans réserve, la province par le département; on a désagrégé tout d'un coup ces vieilles agglomérations, que le temps avait si puissamment cimentées. A cette indépendance locale qui, bien dirigée, pouvait être le plus solide fondement des institutions libérales, on a substitué un système de centralisation absolue et exorbitante, qui, également fatale au progrès de la liberté et au maintien de l'ordre, devait rendre à jamais impossible cette pondération des pouvoirs sans laquelle les gouvernements parlementaires ne sauraient exister.

La province était une unité politique et morale, un corps distinct et fortement caractérisé, fondée autant sur les identités naturelles d'origine et d'idiôme que sur la solidarité des intérêts et la puissance des souvenirs historiques. Le département ne fut qu'une expression géographique, arbitrairement déterminée

par des considérations politiques, aussi mobiles qu'é-
phémères. On coupa la France par petits morceaux,
un peu au hasard, sans trop se préoccuper de ce que
deviendraient, dans ce morcellement territorial, ces
familles de peuples qui avaient grandi et vécu ensemble depuis tant d'années sur le vieux sol gaulois.
Ou plutôt, on ne se préoccupa que de rompre leurs
liens séculaires pour mieux les livrer, dispersées et
désolidarisées, à l'action désormais omnipotente du
pouvoir central.

La constitution du département ne fut, en effet,
qu'un instrument de domination, *instrumentum regni*,
entre les mains des grands révolutionnaires de 89.
Avec cette fatale bonne foi, qui a inspiré leurs actes
les plus funestes, ils crurent sincèrement que c'était
le meilleur moyen de fonder à jamais l'unité nationale sur les ruines de la féodalité.

D'un côté, ils cherchèrent dans l'organisation départementale une machine puissante, qu'ils pourraient
mettre en mouvement du chef-lieu de la Révolution,
dont toutes les impulsions partiraient du centre et y
aboutiraient, de manière à faire pénétrer partout et
imposer au besoin les idées nouvelles. De l'autre, ils
voulurent effacer de l'esprit des populations, en les
effaçant du langage officiel, tous les souvenirs de
l'ancien régime. En cela, comme en toutes choses,
ils ne virent, dans l'antique Monarchie, qu'un monu-

ment détesté qu'il fallait renverser tout entier, et dont il importait de faire disparaître les moindres vestiges. On ne comprit pas que, dans cette œuvre de quatorze siècles, il y avait des institutions excellentes essentielles, qui tenaient au génie de la France et qu'on devait conserver et utiliser dans l'intérêt même de la grande réforme politique qu'il s'agissait d'accomplir.

C'est à cette déplorable erreur qu'est due l'instabilité des gouvernements et des institutions qui se sont succédés depuis cette époque. Nous en subissons encore les conséquences, et elles se développeront fatalement aussi longtemps que nous n'aurons pas attaqué le mal dans son principe.

Ce mal, c'est la centralisation excessive qui nous opprime et nous étouffe, et qui fut, dans l'esprit de ses créateurs, le but même de l'organisation départementale.

Pour mieux assurer le triomphe de la Révolution, vaincre et dominer toutes les résistances, et faire passer partout et sur tout l'uniforme niveau de l'idée révolutionnaire, on imagina et on décréta une colossale machine, où tout le mouvement repose sur un seul rouage, d'où tout émane et où tout converge. S'il s'arrête, tout s'arrête en même temps; s'il se dérange, la machine tout entière est bouleversée. Ce rouage, qui donne l'impulsion aux moindres organes du mécanisme général, c'est le Pouvoir central.

Le Pouvoir central est le moteur universel. Tous les éléments qui constituent la vie sociale et politique n'existent que par lui et pour lui. Il étend la main partout et sur tout, au moyen d'une armée de fonctionnaires de tous rangs, qui sont ses créatures, ses serviteurs, ses agents et ses sentinelles sur tous les points du territoire. C'est de là que tout vient; c'est à lui que tout va. Il est le distributeur suprême des places et des faveurs. Toutes les ambitions, tous les désirs, toutes les sollicitations, toutes les misères se tournent vers lui comme vers une visible Providence. Et, en effet, il pourvoit à tout, il s'occupe de tout, il fait tout et voit tout, semblable au solitaire de la légende. Louis XIV avait dit : « l'Etat, c'est moi ! » La manie centralisatrice est allée plus loin : Elle a dit : La France, c'est moi ! la pensée, c'est moi ! la justice, c'est moi ! l'instruction, c'est moi ! la religion, c'est moi ! Je suis tout et il ne peut rien y avoir en dehors de moi ! Et les peuples, toujours si disposés à confier à un maître le soin de leurs affaires et de leur avenir, se sont aisément habitués à se laisser conduire par cette autorité toute-puissante, rayonnant au centre du pays.

Si Etienne la Boétie avait vécu de notre temps, quel admirable chapitre il aurait pu ajouter à ce beau traité de la *Servitude volontaire*, où il peint l'étrange folie qui entraîne les hommes à se livrer d'eux-mêmes à la tyrannie de tous les pouvoirs.

Jamais, en effet, instrument de despotisme ne fut fabriqué avec une telle perfection. Ce que le césarisme avait fait de l'Empire romain pour servir les intérêts d'un monarque, les réformateurs de 89 le firent naïvement de la France, en croyant servir les intérêts de la liberté.

La loi même de leur situation imposa-t-elle peut-être alors silence à la voix de leur conscience et de leur raison. Poussés par la tempête, ils furent, en effet, moins de sages et calmes législateurs, que des combattants, condamnés à l'éternelle lutte, obligés de vivre au jour le jour entre l'orage de la veille et l'orage du lendemain. Ouvriers de la destruction plutôt que de l'édification, il faut voir en eux les démolisseurs du passé bien moins que les organisateurs de l'avenir; et peut-être ne faut-il pas les blâmer si, pour assurer le succès de leur œuvre, ils furent inévitablement conduits à concentrer dans leurs mains un pouvoir sans limites, afin de briser les obstacles que la réaction pouvait leur opposer, de contenir les éléments désordonnés qui bouillonnaient autour d'eux et d'imprimer partout l'impulsion des idées nouvelles. Ils étaient comme des généraux au milieu d'une bataille acharnée, où l'on ne s'occupe guère de la liberté des soldats, devant avant tout exiger d'eux l'obéissance aveugle et la discipline inflexible.

La dictature démagogique qui les renversa bientôt et regna par la terreur eut, bien plus qu'eux encore, besoin de la force centralisatrice qu'ils avaient si imprudemment créée, et qui servit si efficacement les clubs et la Convention pour établir la suprématie révolutionnaire de la capitale sur la France entière.

On pouvait, du moins, espérer qu'après la tourmente, l'ordre étant rétabli, on reviendrait pacifiquement aux conditions nécessaires de ce gouvernement pondéré, qui avait été le but même de la Révolution ! Il avait fallu, suivant un mot célèbre, voiler pour un temps la statue de la Liberté. Soit ! la loi suprême du salut public avait imposé ce douloureux sacrifice ; mais, on devait croire que ce voile serait enfin déchiré, aux acclamations de la France nouvelle, rendue à elle-même, et renouant la chaîne impérissable de la tradition et du progrès !

Il n'en fut point ainsi !

L'expérience que le pouvoir révolutionnaire avait faite de la centralisation politique et administrative avait trop bien montré à tous combien était puissante l'arme qu'elle mettait entre les mains du gouvernement, quel qu'il fût. Aucun des pouvoirs qui se succédèrent ne voulut plus abandonner ce précieux héritage de ses devanciers. Il était impossible surtout qu'un homme, aussi fortement imbu des idées d'autorité que l'était Napoléon, ne comprît pas le parti énorme qu'il pouvait tirer de ce système, lorsqu'il reconstitua, à son profit, l'Empire et la politique des Césars. Loin d'y renoncer, il le conserva et l'élargit encore dans le double intérêt de l'ordre public et de sa domination personnelle. D'ailleurs, autant par la force des choses que par le prestige du souverain, l'Empereur fut tout, concentra tout dans l'action omnipotente de sa volonté et de son génie.

Quand les Bourbons revinrent, ils n'eurent garde de se priver, à leur tour, de cet efficace instrument de règne. Nous avons rapporté, plus haut l'observation spirituelle de Louis XVIII, qui avouait avoir trouvé tout fait le lit de l'Empire et s'y être couché sans scrupule !

Louis-Philippe, les républicains de 1848, le second Empire se sont ensuite successivement servis de ce levier au moyen duquel ils pouvaient faire mouvoir le pays tout entier dans le sens de leurs intérêts et de leurs idées.

C'est ainsi que s'est perpétuée parmi nous cette organisation que tous les gouvernements se sont léguée l'un à l'autre et ont si jalousement maintenue, en espérant y trouver la force et la stabilité ; tandis qu'au contraire, s'ils s'en étaient mieux rendu compte, ils auraient reconnu qu'elle était la cause la plus active des révolutions qui les ont, tour à tour, menacés et renversés.

Concentrer le pouvoir n'était-ce pas, en effet, désigner d'avance à tous les ennemis le point vulnérable où ils devaient diriger leurs corps. L'action révolutionnaire s'est naturellement centralisée comme l'action gouvernementale. Il a suffi aux partis militants de remporter la victoire au chef-lieu du gouvernement pour la remporter partout à la fois, et c'est ainsi qu'on a vu toutes les insurrections triomphantes dans la capitale devenir, aussitôt, de vastes révolutions, qui ont changé, en quelques heures, les destinées de la France entière.

On s'étonne de la rapidité avec laquelle, parmi nous, les dynasties sont emportées par le souffle populaire. Trois jours suffisent, en 1830, pour déraciner du sol l'arbre de la légitimité. En un seul jour, le 24 février, le trône de Louis-Philippe est brisé, et la France stupéfaite se réveille en pleine République. Il ne faut qu'une nuit au coup d'État du 2 décembre pour dissoudre et disperser l'Assemblée nationale. Le 4 septembre ne met qu'une heure pour renverser l'Empire après le désastre de Sedan ! Comment en serait-il autrement, lorsque ces gouvernements et ces dynasties sont tout entiers concentrés en un seul point et ne peuvent plus vivre

ni agir dès que ce point est aux mains de leurs
ennemis?

Ils le savent bien, tous les révolutionnaires émé-
rites, tous les tacticiens de l'émeute, tous les straté-
gistes de la démagogie! Ils savent bien la force
irrésistible que ce système d'excessive centralisation donne aux passions subversives, et c'est pour
cela qu'on les voit si résolùment hostiles aux idées
décentralisatrices qui ont pénétré enfin les esprits
sages et impartiaux.

Aussi le siége du gouvernement est-il devenu
le rendez-vous et le refuge de tous les ambitieux,
de tous les mécontents, de tous les déclassés, de tous
les bandits politiques qui cherchent, dans le désordre, un aliment pour leurs mauvais desseins. Le
levain insurrectionnel fermente sans cesse dans ce
Pandémonium parisien où viennent aboutir, comme
dans un immense réservoir, non pas seulement
tout le sang, mais aussi toutes les immondices de la
société entière.

De là, certainement, cette périodicité de fièvre
révolutionnaire qui ne laisse debout aucun gouvernement, qui nous jette tour à tour et par une
sorte de loi fatale, de l'anarchie au despotisme et du
despotisme à l'anarchie, qui nous précipite dans les
bras d'un maître par effroi du désordre, et nous fait
bientôt retomber dans le désordre par haine de l'au-

4

torité. Déplorables contradictions, convulsions inces-
santes dont l'effet nécessaire est de rendre impossible toute bonne éducation politique et d'empêcher
que nos mœurs publiques prennent jamais cet
équilibre, en dehors duquel la liberté n'est qu'un
péril et les institutions parlementaires qu'une chimère.

Détestable au point de vue politique, la centralisation ne l'a pas été moins au point de vue moral.

Paris est apparu à tous les esprits comme le seul
foyer de toutes les choses grandes, belles et utiles.
On a déserté la province pour aller se chauffer,
s'éclairer, briller soi-même aux rayons de ce soleil
resplendissant. On a voulu toucher à tous les fruits
défendus de ce Paradis moderne où l'art, le génie,
la richesse et le goût se sont réunis pour en faire
la tête et le cœur du monde civilisé, comme il est la
tête et le cœur de la France. Il n'y a plus eu de
renommée si elle n'a été consacrée par le jugement
souverain de Paris. Il n'y a plus eu de succès, s'il n'a
été obtenu sur ce grand théâtre du drame universel.
Paris est devenu la Reine absolue et capricieuse à
qui tout doit obéir; l'amante adorée, même dans
ses défauts, surtout dans ses défauts, dont on ne
peut plus se séparer une fois qu'on s'est approché
d'elle.

On chercherait en vain dans une capitale, comme

celle de la France, ces fortes assises de l'ordre matériel et moral qui sont le fondement même de la société. Paris est une colonie où tous les éléments étrangers venus non-seulement de tous les points du territoire, mais de tous les points du globe, affluent, se mêlent et se heurtent dans le choc des passions et des intérêts. Ce ne sont, en général, ni les hommes sérieux ni les travailleurs austères qui abondent dans cette Babylone du dix-neuvième siècle; ce sont les hommes de plaisir qui viennent y chercher le luxe, la satisfaction de leurs désirs, les jouissances de toute sorte, bien plus celles des sens que celles de l'esprit. Ce sont les déclassés de tous les pays qui s'y donnent en quelque sorte rendez-vous dans l'oisiveté et le vice; ce sont les ambitieux de toutes les conditions qui viennent y assiéger de leurs sollicitations et de leurs espérances toutes les avenues du pouvoir; ce sont les épaves de tous les naufrages qui y échouent, jetés par la tempête; ce sont toutes les vanités impuissantes qui viennent y poursuivre la fausse gloire, ne pouvant pas conquérir, sur la terre natale, celle, la seule vraie, que donne le talent réel; ce sont enfin tous les hommes de désordre et de révolution qui viennent y combiner, dans un coup de main hardi, leurs perpétuels complots de bouleversement social.

Certes, dans cette grande cité, capitale du monde

intellectuel, il y a sans doute, à côté de ces impuretés et de ces hontes, des splendeurs incomparables et des beautés de premier ordre. Au sein de ces ténèbres passent aussi d'éblouissantes clartés. Si c'est le réceptacle des mauvaises passions, c'est aussi le sanctuaire de la civilisation et du génie, et le Panthéon de toutes les gloires. Si Paris porte malheureusement la torche révolutionnaire qui incendie, il porte aussi le flambeau civilisateur qui éclaire. Mais, par la nature même des éléments discordants, flottants et hétérogènes qui le composent, ce ne peut jamais être un centre de progrès pacifique, de mœurs traditionnelles, ni d'intérêts conservateurs. C'est l'agitation perpétuelle dans le bien comme dans le mal ; c'est le mouvement sans trève et sans repos, toujours à la poursuite fébrile d'une idée ou d'une jouissance nouvelle, c'est-à-dire tout le contraire de l'esprit de conservation.

Qu'est-il arrivé de cette attraction gigantesque ? Deux choses également funestes. D'abord un vaste et profond déclassemement de toutes les existences, un développement excessif d'appétits malsains ayant tous pour but la possession des trésors accumulés dans ce centre radieux, une véritable invasion de la capitale par les provinces ; ensuite, un ralentissement général et presque l'anéantissement de la vie provinciale.

Toutes ces forces locales, tous ces intérêts locaux qui auraient pu servir d'élément pondérateur et maintenir l'équilibre de la circulation politique et sociale, ont été naturellement affaiblis ; tandis que toute la vie se portait au cœur et au cerveau, elle abandonnait graduellement les extremités atones. L'estomac, comme dans la fable, ne s'est pas contenté d'employer les membres pour nourrir et fortifier le corps tout entier ; il a pris gloutonnement toute leur substance et les a dévorés à son profit exclusif.

Mais, cela a été dit mille fois déjà et par les meilleurs esprits. Il est superflu de constater ici, une fois encore, les excès et les périls de la centralisation monstrueuse au régime de laquelle la France est soumise depuis près d'un siècle. Une réaction salutaire a, Dieu merci ! commencé de toutes parts. On a enfin compris qu'il fallait reconstituer, dans une certaine mesure, l'indépendance et l'autonomie des pouvoirs locaux, sous peine de marcher fatalement à une décadence politique où la société périrait dans l'affaissement de toutes les forces du pays. La voie est donc tracée ; il faut la suivre jusqu'au bout, car l'avenir des institutions libérales est à ce prix.

Il est, en effet, facile de comprendre que les abus de la centralisation leur ont été aussi funestes que la pratique illimitée du suffrage universel. La centrali-

4.

sation, levier du pouvoir personnel, étouffe la liberté dans le despotisme, arme des partis ; elle la compromet et la déshonore dans l'anarchie. Comme nous l'avons dit plus haut, c'est parce que le pays tout entier est concentré sur un seul point, qu'il a toujours été facile à un maître absolu de s'en emparer et de le dominer. C'est parce que le pouvoir est tout entier dans la capitale, qu'il a toujours été facile aux partis de l'y combattre et de le renverser. Qui a Paris a la France ! Dès que Paris s'est prononcé on a subi la loi d'un vainqueur quelconque, César ou Catilina, armée ou clubs, tyran couronné ou dictateur populaire, tout le reste de la France courbe la tête et obéit sans résistance !

Voilà ce qu'a produit parmi nous la centralisation exorbitante née de la passion aveugle d'unité nationale : l'abaissement des caractères, l'excitation perpétuelle des mauvaises ambitions et des mauvaises passions ; la périodicité lamentable des crises politiques et sociales, l'agitation sans but, la tyrannie d'un sauveur vers qui nous nous réfugions par terreur de l'anarchie, la tyrannie des partis à qui nous demandons secours contre le despotisme d'un seul.

Nous répétions plus haut le dicton si connu : « Tant valent les hommes, tant valent les choses. » On peut dire également : « Tant valent les peuples, tant valent les institutions. » Dans des conditions aussi défavorables, comment aurait pu s'acclimater, parmi nous, la forte et noble pratique de la liberté ? Où aurions-nous pu trouver dans la puissance intelligente des mœurs publiques, dans l'énergique initiative des citoyens, dans le mouvement régulier des forces locales, ces contrepoids puissants et efficaces qui sont le principe essentiel du *self government*, et, par là, les plus solides fondements du régime parlementaire ?

VII

NOTRE CARACTÈRE NATIONAL

Ainsi, l'idée absolue de l'égalité, mère du suffrage universel, et l'idée absolue d'unité, mère de la centralisation, poussées à des conséquences extrêmes par l'esprit de parti et l'esprit d'autorité, ont été également contraires à l'établissement définitif d'institutions basées sur le jeu régulier et l'équilibre permanent des pouvoirs publics. Mais cette étude ne serait pas complète si nous omettions de signaler aussi la nature même de notre caractère national comme une des causes qui ont le plus contribué à fausser la direction et à arrêter le mouvement progressif de la démocratie française.

Il n'entre pas dans notre pensée de refaire ici le portrait de nos qualités et de nos défauts. Les traits distinctifs de notre nation sont trop connus pour qu'il soit nécessaire d'y insister. Nous ne voulons que les rappeler dans une esquisse rapide pour préciser, en quelques mots, l'influence qu'ils ont exercée sur notre développement politique.

Tels César a vu et défini nos pères de la vieille Gaule ; tels il retrouverait aujourd'hui leurs fils au bout de dix-neuf siècles. Il les avait peints en deux mots qui sont restés : *Milites et causidici*, soldats et avocats ; batailleurs et bavards serait peut-être une traduction plus fidèle de la pensée du grand général romain. — Aucun peuple n'est plus disposé à se battre pour le plus futile prétexte ; aucun n'est plus enclin à discuter et disputer pour le moindre sujet. Une susceptibilité excessive, une irritabilité nerveuse, une impressionnabilité irréfléchie, jointes à un orgueil démesuré, nous poussent aussitôt et d'un seul bond aux conséquences les plus extrêmes. Fougueux en tout, dans la discussion comme dans l'action, notre impétuosité est devenue proverbiale : la *furia francese*. Avec cela, l'imagination, cette folle du logis, joue un rôle tout-puissant dans nos résolutions et dans nos actes. Comme les vieux Gaulois, nos ancêtres, nous aimons tout ce qui brille, tout ce qui plaît aux yeux, tout ce qui séduit, passionne et entraîne ; mais, mobiles et légers comme eux, animés de cet amour du changement qui nous a fait surnommer à bon droit les Athéniens des temps mo-

dernes, nous passons, avec une étonnante et déses-
pérante facilité, d'un fétichisme éphémère à un autre
qui ne l'est pas moins, et personne ne brûle avec plus
de sans façon le lendemain les idoles qu'il a adorées
la veille.

C'est la France qui a inventé la mode, cette
changeante déesse dont le culte, sous une même
forme, dure à peine un jour et à qui on demande
sans cesse de nouvelles surprises, de nouvelles jouissances, de nouveaux miracles. La mode est, chez
nous, la grande, on pourrait presque dire la seule
souveraine ; et ne croyez pas que son empire se borne
au domaine, déjà si vaste cependant, de la coquet-
terie et du luxe ; non, il s'étend sur tout et la société
entière lui est soumise. Les opinions et les partis
sont une mode aussi bien que les ameublements et
les costumes. C'est par mode qu'on était huguenot
ou ligueur ; c'est par mode qu'on est croyant ou
libre penseur, réactionnaire ou libéral. On dit d'une
opinion qu'elle est bien portée, comme on le dirait
d'un chapeau. Et puis, ce qui est le plus grave, c'est
qu'on met tout l'esprit gaulois toute l'amabilité char-
mante, toute la gaieté communicative dans cette
universelle futilité. On rit de tout, même de la mort,
surtout de la mort, car le mépris du trépas est un
des caractères les plus saillants du génie national
que nous ont transmis, avec le sang, les races primi-

lives de la Gaule. Nul peuple n'a joué plus insoucieu-
sement sa vie; nul ne s'est montré plus indifférent,
et plus brave devant le danger. La chevalerie a été
au plus haut degré une institution française. Dans
les jours les plus néfastes de la Terreur, tous,
hommes et femmes, vieillards et jeunes filles, aussi
héroïques que les premiers Gaulois devant le poteau
du supplice, se faisaient un égal honneur de narguer
le bourreau et de monter à l'échafaud d'un pas ferme
et d'un front serein.

Certes, l'héroïsme de notre nation n'a besoin ni
d'être démontré ni d'être glorifié : mais, il est impossible de méconnaître que l'imagination y a généralement joué le principal rôle bien plus que la froide
raison. Nous nous sommes précipités au-devant des
périls plus encore par vanité que par nécessité ; et
le désir d'accomplir des prouesses, comme les pala-
dins légendaires, nous a bien plus souvent entrainés
que la poursuite d'un but utile.

Nous possédons au plus haut degré l'amour du
beau et nous en sommes possédés ; mais nous avons
bien moins le sentiment du vrai et du bien. Nous allons dans des régions du réel et du possible, emportés par la chimère, dans le pays de l'idéal, au risque de tomber lourdement et tristement sur la terre
et dans l'abime du haut de nos voyages aériens. —
C'est chez nous qu'on a inventé ce proverbe de folle

audace : « Le mot impossible n'est pas français ! »
Hélas ! combien de rudes leçons et d'épouvantables
catastrophes auraient dû nous apprendre à quel point
grande était notre erreur ! Mais l'amour-propre et la
légèreté instinctive de notre nature nous font toujours illusion sur la réalité des choses. Les prétextes
ne nous manquent jamais pour expliquer nos mé-
comptes et nos désastres autrement que par nos im-
prudences et par nos fautes. Comme les oiseaux de
la fable, dans tout ce qui se passe sous nos yeux,
chacun de nous ne cherche et ne veut voir « que la
couleur qui sait lui plaire. »

Sur ce fonds éminemment gaulois, léger même
dans l'héroïsme, aimable même dans ses fautes, su-
perficiel par-dessus tout, l'invasion romaine, d'un
côté, l'invasion germanique, de l'autre, ont super-
posé des éléments nouveaux qui, sans parvenir à altérer le caractère original, y ont cependant imprimé
un cachet spécial et une direction particulière.
Rome a apporté avec elle l'esprit d'autorité ; la Germanie a apporté l'esprit de liberté. Il est inutile d'insister ici sur cette double influence que tant d'illustres travaux ont mise en lumière Elle est aussi certaine que visible et elle a déterminé, parmi les peuples de la vieille Gaule, un double courant qui a,
tour à tour, poussé le mouvement politique et social
vers la liberté ou vers l'autorité sans jamais le fixer

définitivement à l'une ni à l'autre. Le temps n'a fait que fortifier cette double action loin de l'affaiblir. A l'immense centralisation de la Rome impériale qui avait courbé la Gaule, comme toutes les autres provinces du monde romain, sous la domination absolue du vainqueur, succéda la colossale centralisation catholique, qui courba toutes les âmes, toutes les volontés, toutes les initiatives sous le despotisme de la foi et qui, par une suite de circonstances et d'intérêts communs, cimenta, en France, plus que partout ailleurs, l'alliance de la politique et de la religion, la solidarité du trône et de l'autel.

Sous l'omnipotence du catholicisme, comme sous la tyrannie des Césars, le vieil esprit gaulois s'est plié et habitué à cette terrible doctrine de l'Etat-Providence où les peuples et les individus abdiquent en quelque sorte leur personnalité entre les mains de ceux qui les gouvernent.

Mais tandis que la Rome impériale et catholique façonnait la Gaule à l'obéissance passive, la Germanie lui envoyait, avec ses vigoureuses races du Nord, toutes les aspirations de l'indépendance et de la liberté. D'abord, elle la conquérait en repoussant violemment les Romains, ensuite, elle lui infusait le sang et les mœurs des hommes libres du sol teutonique ; elle lui implantait ses institutions, ses coutumes et ses lois et y établissait sa souveraineté, en y élevant sur le pouvoir une dynastie de race germanique. Plus tard, c'est encore l'Allemagne qui, inaugurant le puissant mouvement de la Réforme, éveillait en France, par le protestantisme militant, cet esprit de libre examen, dont la Révolution de 89 a été l'expression politique.

Grâce à cette double influence, venant l'une du Nord, l'autre du Midi, aucun pays n'a été aussi agité, aussi travaillé que le nôtre par le mouvement alternatif de la liberté et de l'autorité. Ce que, dans l'ordre politique, le germanisme fit au cinquième siècle contre le césarisme, le protestantisme le fit au quinzième siècle contre l'Eglise catholique. Si l'on veut y réfléchir mûrement, c'est à ce double fait historique qu'il faut attribuer en grande partie l'incohérence et la mobilité même de notre caractère national qui nous entraine, par une sorte de jeu de bascule, tantôt vers la liberté, tantôt vers l'autorité, sans parvenir jamais à nous tenir fermement en équilibre d'un côté ni de l'autre. Et, comme notre tempérament primitif a toujours conservé son type et son allure, comme rien n'a pu empêcher ni modifier cette vivacité d'impression, cet ardeur inconséquente, cette fougue irréfléchie qui est l'héritage du sang gaulois, nous apportons, dans notre passion éphémère, pour la liberté et pour l'autorité, le même amour de la nouveauté et du changement, la même légèreté qui nous signale en toutes choses. Nous ressemblons à des enfants qui jouent avec le feu et puis s'étonnent et s'épouvantent quand ils ont provoqué l'incendie. Tantôt nous voulons être libres ; nous brisons, comme des écoliers mutins, toutes les barrières ; mais aussitôt, habitués dès longtemps à nous laisser mener d'en haut et à subir toutes les impulsions qui viennent du centre, nous sommes là, effarés, éperdus, incapables de nous conduire nous-mêmes dès que nous ne nous sentons plus soutenus par les lisières du pouvoir ! Alors, nous appelons à grands cris un sauveur et un maître, sauf à le renverser bientôt dès que nous éprouverons de nouveau l'impatience de l'autorité après avoir éprouvé l'amour effréné de la liberté.

Oui, voilà comment nous sommes et ce que nous sommes ! Allant toujours aux excès, tantôt énervés sous le bâton d'un tyran quelconque, immobiles, indolents, indifférents et insoucieux, faisant sans regret litière de toutes nos libertés sous les pas d'un chef absolu ; tantôt, pris de soudains délires ou d'inexplicables paniques, nous précipitant au hasard, bondissant, criant, n'écoutant ni les conseils de la prudence, ni la voix de la raison et tombant dans l'abîme au lieu de suivre le grand chemin.

Certes, nous ne voulons pas dire que tout soit mauvais en nous ; nous avons de grandes qualités sociales et morales, et l'histoire de notre pays est l'histoire même de la civilisation ; mais une qualité maîtresse nous fait défaut. En tout, il nous manque la mesure. Nous avons au plus haut degré, l'instinct du vrai, du bon et du beau ; mais nous ne savons rester en rien dans cette juste limite au delà de laquelle il y a fatalement l'erreur et le danger. En un mot, nous ne sommes pas pratiques ; nous n'avons généralement pas ce bon sens, un peu vulgaire peut-être, mais solide et sûr, qui fait voir les choses comme elles sont, comme elles peuvent et doivent être, et non comme les présente l'imagination à travers ses prismes trompeurs.

Ainsi, tour à tour ballotés de la liberté à l'autorité, de l'exaltation à la défaillance, de l'enthousiasme au découragement, esclaves du pouvoir ou des partis, toujours dociles instruments entre les mains d'un ambitieux quelconque, nous n'avons pas su, jusqu'à présent, nous diriger par notre propre inspiration et sous notre seule responsabilité. Ce *self government* qui fait la force et l'honneur des mœurs politiques de l'Angleterre, cette initiative individuelle qui est le plus utile fondement des institutions libérales, parce qu'il fait de la pratique journalière et personnelle des droits et des devoirs civiques le contre-poids permant de l'autorité et l'appui de la liberté, n'ont jamais pu encore s'acclimater parmi nous. De là, aussi, et en très grande partie, l'insuccès réitéré de ce système de pondération qui est la considération essentielle des gouvernements libres et dont le plus ferme pivot repose avant tout sur l'éducation politique des citoyens et la puissance des mœurs publiques.

VIII

LES TERMES DU PROBLÈME A RÉSOUDRE

Avoir caractérisé le mal, c'est presque en avoir
trouvé le remède. Nous avons procédé vis-à-vis de
la maladie révolutionnaire qui est, chez nous, le
perpétuel obstacle à l'établissement d'un gouvernement libre et pondéré, comme agissent les médecins.
Nous avons étudié et précisé le diagnostique et
recherché les causes essentielles du mal dont nous
sommes affectés. Si nos observations sont justes et
si nous voulons nous guérir, il faut sortir désormais
du système des expédients et des moyens empiriques
et attaquer le vice constitutif de notre organisation
sociale dans son principe même.

Nous souffrons d'une hypertrophie du cœur et du
cerveau, née de la concentration excessive de toutes
les forces qui constituent la circulation générale. Il

faut rétablir l'équilibre des fonctions et ramener l'activité et la vie du centre aux extrémités.

Nous sommes livrés à un grand désordre d'idées, de passions et de directions parce que, chez nous, la puissance aveugle et brutale du nombre a remplacé l'action calme et éclairée de l'intelligence et de la raison. Il faut mettre un frein à cette impulsion désordonnée et trouver contre elle, dans la suprématie des intérêts et dans une sage hiérarchie sociale, une salutaire résistance !

Nous sommes entrainés par la fougue de notre caractère national; il faut le redresser et le contenir par une bonne éducation politique, en le plaçant dans un milieu sain et fortifiant où il puisse refaire pacifiquement son tempérament et sa constitution.

Le pouvons-nous? Pouvons-nous porter la main sur cette vaste machine politique et administrative qu'une pratique de quatre-vingts ans a si fortement établie, sans la désorganiser tout entière. Pouvons-nous toucher au suffrage universel sans soulever des crises redoutables? Pouvons-nous espérer modifier jamais ce naturel originaire qui a résisté à l'action des siècles ?

Oui! nous le pouvons, si nous savons distinguer et séparer d'une main ferme ce qui est juste et vrai, de ce qui est absurde et faux ; si nous avons le courage de remonter le cours des temps, de nous retremper dans l'esprit primitif du mouvement de 89, et de faire, enfin, ce que nos pères, emportés par le flot et la rapidité des événements, n'ont eu ni le temps de combiner, ni la possibilité d'accomplir.

L'idée d'unité est une idée juste et nécessaire, respectons-la; mais la centralisation poussée à l'excès, en a été une conséquence fausse et illogique; redressons-la.

L'idée d'égalité est un principe de la nature même, qui doit rester une règle de la loi; n'y touchons pas! Mais le suffrage universel, sans limite et sans règle, en a été une application aussi fatale qu'inconséquente; régularisons-le en lui imposant les freins efficaces qui peuvent le rendre inoffensif.

Nos mœurs publiques, sous l'action alternative d'une autorité dictatoriale ou d'une liberté désordonnée, n'ont pu s'habituer ni à l'exercice paisible des droits, ni à l'observation rigoureuse des devoirs sociaux; affranchissons-les de la double domination du pouvoir et des partis, et rendons-les à elles-mêmes pour qu'elles reprennent la force que l'homme puise dans son initiative et dans sa responsabilité.

Au fond, c'était là le vrai programme de la première Révolution. Sans les passions déchaînées qui l'ont dénaturée et jetée hors de sa voie normale, elle se serait dénouée par une heureuse réforme, au lieu de se déshonorer et de s'abimer dans les saturnales de la Terreur. Il importe de le reprendre dans l'esprit vraiment libéral et pratique qui l'avait inspiré, de l'éclairer à la lueur de nos fautes et de nos erreurs, si chèrement payées, et de renouer la chaîne des temps en rattachant de nouveau le progrès à la tradition.

Oui ! il faut nous replacer résolúment au point de vue où s'étaient placés nos pères aux premiers jours de cette immortelle réforme qu'ils avaient inaugurée dans les solennels débats des Etats généraux, et qui avait pour but de concilier tout ce qui était bon et grand dans les principes de l'antique Monarchie avec les légitimes aspirations de la jeune liberté.

Tout était loin, en effet, d'être mauvais dans ce qu'on appelle l'ancien régime.

Si le système féodal était incompatible avec l'égalité politique et civile, néanmoins la hiérarchie sociale qui en formait la base et l'aristocratie héréditaire qui en était la garantie, présentaient des éléments de force et d'équilibre qu'on pourrait, en leur imposant de justes limites, utiliser dans le double intérêt de l'ordre et de la liberté. Le systeme des Jurandes et des Maîtrises, était, sans doute, trop exclusif et trop oppressif; mais la classification des professions et des corps d'état offrait de grands avantages matériels et moraux au profit de ces populations ouvrières toujours si agitées, si exigentes

et si dangereuses. L'unité nationale était certainement une pensée aussi nécessaire que patriotique;
mais l'autonomie provinciale, fondée sur la nature
et sur la tradition, avait rendu à la France d'importants services sous la Monarchie absolue et pouvait
en rendre d'analogues sous la Monarchie tempérée.
La constitution de la famille et de la propriété, altérée
par le droit d'aînesse et le servage, réclamait sans
doute des réformes essentielles; mais les droits
qu'elle réservait au père de famille, dans la réparti-
tion de ses biens, les inégalités mêmes qu'elle auto-
risait, afin de protéger la grande culture contre la
division indéfinie des héritages, reposaient sur une
idée économique et morale, aussi sage que féconde.
Il y avait beaucoup à dire contre la fatale solidarité
dans laquelle l'Eglise a lié la politique et la religion,
en confondant en un seul le domaine de la loi et
celui de la foi, mais la religion était un frein qu'il
importait de ne pas relâcher ni affaiblir, encore
moins de détruire dans l'esprit des masses.

Telles étaient certainement les vérités que vou-
laient faire triompher les réformateurs de la fin du
dernier siècle; mais les événements, joints à la
fougue naturelle des fils de la Gaule, précipitèrent
les choses dans une autre voie. Les pères de la Révolution, poussés par l'impulsion même qu'ils avaient
imprimée, sans en bien mesurer la portée, dépassés,

débordés, renversés par ceux qui venaient derrière eux, non-seulement virent la direction du mouvement leur échapper, mais leur œuvre fut presque aussitôt faussée et compromise par l'entrée en scène de ces masses démagogiques qu'ils n'avaient prévues dans aucune de leurs combinaisons.

Où ils avaient voulu simplement améliorer, on détruisit. Pour même abattre la féodalité, on brûla les châteaux, on décapita la noblesse. Pour mieux rompre avec l'ancienne Monarchie, on guillotina le roi. Pour mieux secouer le joug du clergé, on assassina les prêtres, on pilla les couvents, on profana les églises et on défia Dieu en le niant. Ils avaient rêvé la Monarchie constitutionnelle, libérale, pacifique, civilisatrice ; on eut l'anarchie sanglante, avec la tyrannie de la Convention, la dictature des clubs, la guerre civile au dedans, la guerre étrangère au dehors ; la violation de tous les droits, la suppression de toutes les garanties, et l'échafaud en permanence, comme moyen de gouvernement. Horrible saturnale de la liberté qui devait fatalement nous rejeter, tôt ou tard, sous la main d'un maître assez fort pour écraser l'hydre révolutionnaire, et qui devait compromettre pour de longues années le principe et le but du grand effort de 89.

Aujourd'hui, cette épouvantable tempête ne gronde plus que comme un écho lointain. Le volcan démagogique a encore des moments d'éruption, comme on l'a vu malheureusement en juin 1848 et en mars 1871 ; mais ce sont des secousses de peu de durée que l'état général des intérêts, des idées et des mœurs domine et étouffe rapidement. On peut donc espérer que ces temps épouvantables sont désormais passés, et l'heure semble venue de reconstruire l'édifice de la société moderne sur les plans des vaillants architectes qui en ont posé les premières pierres.

IX

LE PRINCIPE ET LE BUT D'UNE SECONDE CHAMBRE

Le problème, s'il est difficile à résoudre, est cependant simple à poser. Pour établir les institutions parlementaires, qui ont été la pensée fondamentale des hommes de 89, tout consiste, on l'a vu plus haut, à organiser une force spéciale qui résiste efficacement, d'un côté, aux impulsions violentes du suffrage universel ; de l'autre, à l'autorité excessive du pouvoir central, c'est-à-dire à la fois à la tyrannie d'en bas et à la tyrannie d'en haut, de manière à protéger l'ordre contre les entraînements des masses, la liberté contre les empiètements du pouvoir, et à maintenir ainsi, dans un juste équilibre, tous les rouages de la société et du gouvernement.

Tout est là. Si nous ne parvenons pas à réunir les éléments d'une assemblée spéciale destinée à modérer, à contenir et à pondérer les autres forces qui sollicitent en sens inverse l'action de la machine politique, il faut désespérer à jamais de la liberté et de l'ordre.

Rappelons-nous que, pour agir efficacement, il importe que ce rouage soit tout à fait indépendant des autres. S'il émane du pouvoir exécutif, comme l'ancien Sénat et l'ancienne pairie, il perd toute autorité personnelle, en devenant la créature du chef de l'Etat; s'il émane du suffrage populaire, il n'est qu'une doublure de la Chambre élective, et ne peut tirer aucun avantage d'un mandat ainsi partagé. Dans les deux cas, les difficultés et les dangers sont égaux.

Que faut-il donc faire ?

D'abord se bien rendre compte du but que l'on poursuit.

La mission du troisième pouvoir, quel que soit le nom qu'on lui donne, est essentiellement conservatrice et défensive. Ce qu'il s'agit surtout d'établir, c'est une force de résistance.

Dès lors, on ne peut en chercher le principe que dans certains intérêts permanents de la société politique et civile qui, toujours compromis par les coups d'Etat autoritaires ou par les coups de main révolutionnaires, doivent vouloir enfin s'organiser et se prémunir contre toutes les crises qui, depuis près d'un siècle, les menacent et les bouleversent à tout moment.

Nous avons vu comment la constitution d'une puissante aristocratie privilégiée et héréditaire a permis en Angleterre d'établir, sur de fortes bases, l'élément pondérateur. Il n'y faut point songer dans notre société éminemment démocratique et égalitaire.

Nous avons vu comment, aux États-Unis, le système fédératif a rendu facile l'institution d'un Sénat, investi d'un pouvoir distinct aussi efficace que bien défini. Il n'y faut point songer dans une société aussi passionnément unitaire que la nôtre.

Mais ne peut-on pas, dans une certaine mesure et en restant dans les conditions et dans le tempérament de la démocratie française, arriver à un système mixte où la permanence des intérêts remplacerait utilement l'hérédité personnelle et où l'indépendance locale pourrait produire un effet analogue à celui de la fédération ? En un mot, est-il impossible de reconstituer une certaine hiérarchie sociale sans porter atteinte au dogme de l'égalité, et de faire contrepoids à l'excessive domination du pouvoir central et des partis, sans altérer le principe sacré de l'unité nationale ?

Nous croyons qu'on peut y parvenir en reconstituant les anciennes provinces sous des formes en harmonie avec l'esprit des temps modernes, et en cherchant, en même temps, les éléments constitutifs d'une seconde Chambre, non pas, comme pour la Chambre élective, dans la représentation des populations, mais dans la représentation des intérêts.

Nous prions ceux qui nous lisent de ne pas se récrier contre la nouveauté de ces propositions avant d'avoir écouté et apprécié les raisons qui peuvent, à notre avis, justifier l'application pratique.

X

RECONSTITUTION DE LA PROVINCE

L'unité absolue de la France, on ne s'en souvient pas assez, a été l'idée des Jacobins ; les Girondins étaient au contraire partisans du système fédératif, c'est-à-dire de l'autonomie provinciale combinée avec l'unité nationale. Ils ont vaillamment combattu pour cette cause à laquelle leur esprit généreux associait avec raison l'avenir de la liberté. Mais les Jacobins entendaient plier le pays tout entier par la dictature, et c'est à eux que nous devons ce système de centralisation sans frein, dont tous les gouvernements se sont ensuite servis bien plus encore dans leur intérêt que dans celui de la chose publique. Eh bien ! c'est au programme de la Gironde qu'il s'agit de revenir.

Nous savons qu'en prononçant ce seul mot, l'autonomie provinciale, on soulève aussitôt une foule de

préventions et de préjugés déjà passés à l'état de vérités immuables. Que veut-on faire? Veut-on détruire
notre nationalité? Veut-on briser les liens de cette
merveilleuse unité politique,l égislative, sociale, qui
associe tous les cœurs et tous les intérêts dans l'a-
mour sacré de la patrie? Veut-on affaiblir, en la morcelant en petits Etats juxtaposés et indépendants
les uns des autres, cette France, dont la solidarité a
fait et fait encore la force, la sécurité et la grandeur ?

Non ! il ne peut être question de rien de semblable. Personne ne peut songer à toucher au principe
même de cette unité qui, chez nous, est désormais un
dogme, comme l'égalité ! Il ne s'agit pas de défaire
ce qui existe, ni de refaire ce qui existait autrefois. Il
s'agit seulement de trouver, sans modifier essentiellement l'organisation actuelle, et de constituer ce système d'intérêts conservateurs et permanents, par leur
nature même, sur lesquels on puisse établir les fondements d'une seconde Chambre !

On voudrait d'ailleurs déplacer une seule pierre de
l'édifice imposant de l'unité nationale qu'on n'y par-
viendrait pas. Celui-là, en effet, ne date pas seulement de 1789 ; il a été élevé sur des bases indestruc-
tibles par la politique de nos rois, depuis les temps
les plus reculés de la Monarchie, et l'inaltérable patriotisme de toutes les classes du royaume en a raf-
fermi et consolidé toutes les parties. Il a résisté à

tous les désastres, à toutes les fautes, à toutes les
révolutions, parce qu'il repose non-seulement sur la
puissance des mœurs et des sentiments, mais sur les
vrais besoins du pays et qu'il semble même être la
loi naturelle de cette France si merveilleusement dé-
limitée au midi par la Méditerranée et les Alpes, à
l'est par les Alpes et le Rhin, au nord et à l'ouest
par la Manche et l'Océan, pour former une nation
compacte, séparée des autres par des barrières phy-
siques, et ayant en elle-même tout ce qu'il lui faut
pour vivre, agir et jouer un rôle important dans le
mouvement et dans les conseils des peuples.

C'est précisément parce que rien ne peut ébranler
cette grande unité, qu'il peut, sans crainte de nuire
à l'ensemble, rechercher avec soin comment on pourrait en améliorer les détails. Or, en ce point, l'histoire nous offre des exemples et des leçons qu'il importe de ne pas dédaigner.

L'ancienne Monarchie, tout entière concentrée
dans l'autorité royale, — et l'on sait à quel point ce
pouvoir était devenu absolu sous Louis XIV, — n'a-
vait pas cru cependant que l'indépendance provinciale
fût incompatible avec sa souveraineté. Il existait à
cette époque, au profit non-seulement des seigneurs
féodaux, mais au profit des villes, des municipes et
des bourgeoisies, de très larges franchises locales
qui se conciliaient très bien avec les droits suprêmes

du chef de l'Etat, et la France a marché, pendant plusieurs siècles, sans difficultés et sans secousses, dans la pratique de ce système. Cela n'a porté préjudice ni à la majesté du pouvoir ni à la grandeur du pays, et le rôle civilisateur de notre patrie, dans son territoire et dans le monde, n'en a été ni gêné ni amoindri. Ce que la Monarchie absolue a pu supporter, pourquoi la démocratie tempérée ne pourrait-elle pas le supporter également? Et si l'unité nationale a pu se constituer, vivre et se fortifier dans les conditions d'autonomie où le régime féodal plaçait l'administration des provinces, pourquoi courrait-elle de plus grands risques aujourd'hui que d'autres siècles d'épreuves, de travaux, de gloire et de liberté ont solidarisé encore plus puissamment qu'autrefois toutes les régions, tous les intérêts, toutes les idées et tous les habitants de la France?

Mais, encore une fois, il ne s'agit pas de toucher à aucun des éléments dont se compose l'unité nationale. Il ne s'agit même pas de supprimer le département, bien qu'il n'ait été établi que d'une manière tout à fait arbitraire et ne réponde à aucun principe appréciable, soit au point de vue politique, soit au point de vue économique, soit au point de vue historique. On s'y est habitué depuis quatre-vingts ans, et il y aurait peut-être plus de dangers que d'avantages à en désorganiser, tout d'un coup,

les divisions administratives. Mais, en conservant
le département, qui est un fait d'occasion, en respectant l'unité nationale, qui est un dogme, ne
peut-on pas, dans une grande pensée d'équilibre
social, rétablir, sous certaines formes, la province,
qui est une chose séculaire tellement enracinée dans
le sol de nos traditions, que rien n'a pu encore l'en
arracher complétement?

Voilà en quels termes nous posons et simplifions
le problème, et nous le résolvons, en peu de mots,
en demandant, au-dessus du département, qui, dans
la classification générale des pouvoirs, peut rester
l'unité de fonction administrative, la création d'une
circonscription spéciale qui se nommerait la province et serait, dans un but éminemment conservateur, l'unité de fonction politique !

De même que l'on a formé, en leur attribuant un
cercle d'action plus étendu que le territoire départemental, des circonscriptions judiciaires, militaires,
universitaires, religieuses, financières, rien ne s'oppose à ce que l'on forme également des circonscriptions politiques comprenant plusieurs départements, correspondant avec exactitude aux anciennes
provinces, et ayant un fonctionnement et une représentation particulière dans la sphère des pouvoirs
publics.

La création de circonscriptions provinciales ne

porterait pas plus d'atteinte à l'unité nationale que
n'en porte l'étendue du ressort d'une cour d'appel,
d'une académie, d'un épiscopat ou d'un commande-
ment militaire; mais elle aurait de plus l'avantage
de grouper, de nouveau, toutes ces affinités
morales et sociales, si remarquablement liées entre
elles depuis les premiers temps de notre histoire, et
d'en faire le pivot de tout un ordre de faits, d'intérêts et de forces susceptibles d'exercer la plus grande
influence dans le mouvement politique de notre pays.

Il serait superflu de démontrer combien les intérêts conservateurs trouvent de puissance et de sécurité dans les mœurs de la vie de province. Là est le
vrai sanctuaire de la famille; là est l'inviolable
foyer de la propriété; là sont les grandes sources
de la production; là est le travail grave et hon-
nête; là est l'industrie dans ce qu'elle a de plus
considérable et de plus national; là persiste la tradition des principes éternels de la morale divine et
humaine. L'existence y est calme, régulière, pacifique. L'atmosphère sociale y est généralement pure
de ces miasmes délétères qui corrompent ailleurs le
sens moral et le sens droit. Les influences généreuses s'y exercent de plus près, y ont aussi plus
d'action et plus d'autorité. Les bonnes inspirations y
trouvent plus d'écho, et les bons exemples plus d'imi-
tateurs. Il reste dans les campagnes, comme un

souvenir de la vie patriarcale, avec ses vertus, ses dévouements et sa simplicité primitives.

Mais, déjà, grâce à la centralisation exorbitante qui nous domine, Paris a fait pénétrer son mouvement tumultueux dans les mœurs paisibles de la province. Le sentiment conservateur qui s'y maintient encore, s'est déjà altéré au contact fébrile de l'esprit parisien. Il est à peine temps d'aviser, si nous voulons conserver leur efficacité préservatrice à ces forces locales qui sont notre soutien et notre salut, et retremper le sentiment national à la source de ces vertus héréditaires sans lesquelles la France serait à jamais perdue.

En élargissant l'espace et le champ d'activité ouvert aux hommes et aux intérêts de la province, en donnant aux ambitions sérieuses et honnêtes le moyen de trouver, à leur propre foyer, les satisfactions auxquelles elles se sentent en droit de prétendre, en y élevant partout le niveau des fonctions et des situations, on fixera au sol natal une foule d'hommes de valeur que Paris attire fatalement aujourd'hui, on arrêtera cette émigration déplorable de la province vers la capitale, et des campagnes vers les villes qui a déclassé toutes les existences, détruit toute hiérarchie et toute discipline, et compromis peut-être à jamais l'harmonie des éléments, et l'autorité des bonnes mœurs.

On verra plus loin comment peut s'organiser le mécanisme des circonscriptions provinciales, dans leur rapport, d'une part, avec le pouvoir central, de l'autre avec les départements et les communes. Suivons maintenant l'idée plus politique qu'administrative qui nous inspire cette innovation et voyons comment la reconstitution de la province servirait au développement des institutions parlementaires.

XI

ORGANISATION DU SÉNAT

Nous cherchons dans ce système la base vraiment solide et rationnelle d'une seconde Chambre. Dans notre pensée, cette assemblée modératrice pourrait très efficacement représenter les intérêts, les droits et les idées des grandes agglomérations provinciales telles que la nature, l'histoire et la tradition les ont faites. Sortie des entrailles mêmes de la vie de province, elle en aurait au plus haut degré l'esprit conservateur et pacifique, et elle apporterait le frein des intérêts et des forces locales pour modérer l'élan du suffrage universel ou contenir les ambitions du pouvoir. Elle pourrait surtout représenter et défendre plus particulièrement l'autonomie légitime des provinces et faire ainsi contrepoids à cette monstrueuse centralisation qui est la plus fatale ennemie de l'esprit de conservation et de progrès.

La seconde Chambre acquerrait, ainsi, une signification, une individualité et une autorité que ne peuvent lui donner ni l'élection pure et simple, ni la nomination directe par le chef de l'Etat.

Ainsi se combineraient, sous une forme appropriée à notre notre nouveau droit public, les deux éléments sur lesquels reposent la pairie en Angleterre, le Sénat aux Etats-Unis. A défaut de l'hérédité personnelle, les intérêts traditionnels, les droits héréditaires de la province donneraient à la seconde Chambre le caractère de permanence qui est sa condition essentielle, tandis qu'à défaut du principe fédératif, la mission de représenter l'autonomie provinciale, lui assurerait un rôle vraiment pondérateur, qui ne pourrait être rempli par aucun des autres pouvoirs publics.

On aurait dès lors trois fonctions parfaitement distinctes et indépendantes l'une de l'autre : la Chambre élective, issue directement du suffrage universel et représentant les populations ; le Sénat, élu dans des conditions spéciales que nous définirons bientôt, et représentant les droits de la province ; enfin le pouvoir exécutif, Roi ou Président, puisant, lui aussi, dans l'hérédité ou la durée de son mandat, son indépendance personnelle.

Le nombre des anciennes provinces s'élevait à trente-deux, mais il y en avait de très petites qui pourraient, dans une classification plus exacte, être rattachées à leurs voisines au double point de vue de leurs traditions, de leurs mœurs et de leurs intérêts. Il n'entre pas dans le cadre de cette étude de préciser ces détails d'application, mais on peut prévoir que le nombre des nouvelles agglomérations provinciales ne dépasserait pas vingt-cinq. En leur donnant le droit d'élire chacune quatre sénateurs, on constituerait, pour la seconde Chambre, un premier groupe de cent membres.

Comment se ferait l'élection? Il est difficile d'enlever à ces mandataires le prestige que donne aux fonctions publiques la confiance de l'opinion. Par conséquent, il nous paraît impossible qu'ils ne sortent pas, eux aussi, du suffrage populaire; mais comme ils devraient être, surtout les représentants des intérêts locaux, on pourrait, avec raison, chercher le principe de leur mandat dans une manifestation collective plutôt que dans des votes individuels et consacrer pour eux un mode d'élection à deux degrés. Il semblerait convenable de les faire nommer par les conseils municipaux de la circonscription provinciale, au scrutin de liste, afin que leur élection exprimât le plus exactement possible les sentiments et les intérêts de toute la province dont ils seraient les mandataires. En outre, la raison indique que, pour les distinguer des députés de la première

Chambre, il faudrait soumettre le choix des électeurs à certaines conditions répondant au but même de l'institution.

Ainsi, on pourrait statuer que nul ne serait nommé sénateur avant quarante ans, époque de la maturité intellectuelle; que tout candidat au Sénat devrait être propriétaire dans la circonscription où il poserait sa candidature, et payer une contribution en rapport avec l'importance et la nature de son mandat. Ici, nous ne sommes plus sur le terrain délicat du suffrage universel, dont les questions ardues doivent être réservées exclusivement à l'organisation de la première Chambre. Nous sommes sur le terrain des intérêts conservateurs, et l'on peut, sans danger, y exiger de l'électeur et de l'éligible des conditions exceptionnelles.

Nous avons dit que le Sénat, en dehors de l'autonomie provinciale, pouvait aussi représenter les intérêts de toute nature qui, étant le fondement même des sociétés, offrent ce caractère de permanence, qui oppose efficacement l'esprit de conservation à l'esprit d'innovation. Ce point de vue est très important.

Oui! il y a en effet, dans toute société régulière, des éléments qui sont le produit naturel et nécessaire de l'état social, et que les révolutions ne peuvent ni détruire, ni affaiblir. Ils sont nés de la

force des choses bien plus encore que de la volonté
des hommes, et ils survivront à toutes les utopies qui,
parfois, s'efforcent de les combattre, parce qu'ils
sont la loi providentielle de l'humanité. Les plus
essentiels de ces éléments organiques sont : la
famille, la propriété, le travail sous toutes ses formes, la religion dans toutes ses manifestations, la
loi dans toutes ses applications. C'est là qu'il faut
chercher aussi les matériaux de ce rouage modérateur chargé d'assurer à la machine sociale son complet équilibre, en retenant une marche trop rapide ou
en simulant une marche trop lente.

Pour donner à tous ces intérêts fondamentaux le
rôle qui leur appartient dans l'ordre politique, il suf-
firait d'établir une certaine hiérarchie, ou plutôt
une classification intelligente des diverses fonctions
sociales. Ceux qui y seraient compris formeraient
autant de groupes distincts, qui nommeraient ensuite certains d'entre eux pour les représenter
dans la sphère des pouvoirs publics.

En suivant à peu pres les indications qui précè-
dent, on trouverait, par exemple, que la religion
est exprimée par les clergés de tous les cultes recon-
nus ; la loi, par tous ceux qui ont mission de l'exécuter et d'assurer l'ordre, c'est-à-dire la magistrature ; l'armée, la marine et les divers agents de la
force publique, la propriété, par tous ceux qui possè-

dent des immeubles, plus particulièrement par les propriétaires ruraux ; le travail enfin par tous ceux qui produisent dans l'ordre matériel comme dans l'ordre moral, savoir : au sommet intellectuel, les Académies, les Facultés, les Universités, le corps enseignant, les professions libérales, artistes, littérateurs, avocats, médecins, notaires, ingénieurs, etc.; au milieu, ceux dont la mission est d'être les intermédiaires entre le travail qui produit et le capital qui échange et consomme, les commerçants, les industriels, les banquiers, les courtiers, les agents de change; enfin, à la base même, l'immense armée du travail, composée de tous ceux qui vivent en général, au jour le jour, de l'œuvre de leurs mains.

A chacune de ces catégories de fonctions et d'intérêts, nous voudrions donner une représentation directe dans le sein du Sénat. Le clergé catholique aurait le droit de nommer 4 sénateurs; le clergé protestant, 2; le clergé israélite, 1; la magistrature, 4; l'armée, 4; la marine, 4; les chambres d'agriculture, les comices et les sociétés agricoles représentant les propriétaires ruraux, 4; les Académies, comprenant l'Institut et toutes les sociétés académiques de province, 4; les Facultés d'enseignement supérieur, 4; le corps enseignant des lycées, collèges et établissements d'instruction publique à tous les degrés, 4; les beaux-arts, 2; les gens de

lettres, 2; avocats, 2; les médecins, 2; les notaires, 2; les ingénieurs, 2; le commerce agissant
par les chambres et les tribunaux de commerce, 4;
les industriels, c'est-à-dire tous ceux qui possèdent
ou dirigent une fabrication industrielle, 4; les banquiers, agents de change, courtiers, 4 ; enfin, la population ouvrière, représentée par les chambres du
travail, dont il sera question plus loin et que nous
proposerons de créer sur le modèle des chambres de
commerce, nommerait aussi 4 sénateurs.

Il va sans dire que les élus devraient tous appartenir, par leur origine et par leur situation personnelle, à la classe qu'ils auraient mandat de représenter.

Pour eux aussi, nous demanderions une limitation d'âge, c'est-à-dire au minimum quarante ans,
comme pour les représentants des intérêts provinciaux; mais nous laisserions de côté toute condition de contribution foncière, leur situation et la
nature même des intérêts dont ils seraient les organes offrant, à notre avis, de suffisantes garanties.

Dans cette combinaison, la seconde Chambre se
composerait de 163 membres, dont 100 élus par les
agglomérations provinciales, et 63 élus par ce que
nous pourrions appeler les divers corps d'Etat.

Nous ne savons si nous nous faisons la plus
étrange des illusions, mais, plus nous étudions ce

système, plus il nous semble propre à résoudre le problème politique auquel nous travaillons en vain depuis tant d'années.

Il n'offrirait pas seulement une base sérieuse à l'établissement d'une seconde Chambre; il n'en assurerait pas seulement l'individualité et l'indépendance, en lui donnant une origine, une mission et des fonctions parfaitement distinctes de celles qui caractérisent nécessairement le pouvoir exécutif et la première Chambre; il aurait un résultat plus grand, plus profond et plus général.

En reconstituant la province, dans la puissance traditionnelle de ses mœurs, de ses affinités, et, dans une sage mesure, de son autonomie, on combattrait de la manière la plus efficace le double despotisme que la centralisation a exercée sur la France entière, tantôt au profit d'un homme, tantôt au profit des partis, toujours aux dépens de la liberté. La province, ressuscitée, formerait un très-salutaire contrepoids à l'action et aux impulsions révolutionnaires ou autoritaires, qui viennent sans cesse de la capitale. Naturellement organisée contre toute éventualité, elle serait facilement, dans un péril social quelconque, le palladium de l'esprit conservateur contre le désordre, et de l'esprit libéral contre la dictature. Ce serait, en un mot, une grande force sociale toujours prête à agir pour rétablir l'équilibre faussé par l'ambition d'un seul ou par les excès de la multitude !

Et puis, combien elle serait utile pour arrêter ce déclassement universel que l'attraction irrésistible du centre a déterminé sur tous les points du territoire. Quand on verrait s'élargir en province le terrain où peut s'exercer l'activité, et où de justes récompenses attendent le mérite, l'intelligence, le dévouement, le travail et la probité ; lorsque l'on saura, qu'en restant attaché au foyer des ancêtres, on peut jouer, au milieu de ses concitoyens, un rôle élevé et influent, et arriver, porté par les suffrages de ceux au milieu desquels on vit et on travaille, aux plus hautes dignités de la vie publique, on sera moins tenté de venir chercher, dans les fiévreuses agitations de la vie parisienne, ces satisfactions malsaines d'ambition, d'amour-propre et de fausse gloire, que Dieu merci ! on n'y trouvera plus ! Et c'est ainsi que, nos mœurs publiques et privées, altérées par tant de mauvaises passions, se redresseront peu à peu dans la dignité sereine et grave de la vie de famille et de travail.

Et d'autre part, qui ne comprend tout ce que peut enfanter de grand, de généreux et surtout de moralisateur, cette hiérarchie nouvelle qui solidarisera tous les membres d'une même classe sociale ? En se voyant appelés à défendre plus spécialement et à exprimer par leurs votes leurs intérêts collectifs, chacun des groupes entre lesquels nous classons les diverses fonctions sociales, sentira davantage le noble désir et le légitime besoin de solidariser par des liens plus étroits, les intérêts et les individus dont il sera composé ; et de cette association, de cette solidarité, naîtront des sentiments nouveaux, des rapports et des devoirs qui ne peuvent que profiter à l'amélioration des mœurs et à l'élévation des caractères. C'est une vérité psychologique que l'idée de corporation, en exigeant nécessairement une certaine discipline, donne à tous ceux qui s'y unissent une sorte d'austérité morale qui exerce la plus remarquable influence sur tous les actes de leur vie publique et privée. L'exemple du barreau, est, sous ce rapport, aussi admirable que décisif. Donner, dans les diverses classes de la société, l'impulsion à ces sentiments si favorables pour les progrès moraux des individus et des peuples, n'est-ce pas assurer aux intérêts vraiment conservateurs des forces nouvelles qui leur manquent tout à fait aujourd'hui ?

XII

PROGRAMME DE DÉCENTRALISATION

Le système que nous venons d'exposer ne peut se concevoir et se mettre en pratique qu'à l'aide d'un large programme de décentralisation. Nous savons bien que ce mot a perdu, dans l'opinion des hommes d'Etat, le prestige qu'il exerçait naguères. Les événements malheureux de ces derniers temps, les folies et les violences des partis extrêmes ont ramené les esprits à la conviction que, loin de diminuer l'autorité du pouvoir central, il fallait au contraire l'étendre et lui donner de nouvelles forces pour triompher partout des incorrigbles ennemis de la société. Cette disposition du sentiment public ne nous arrête pas. Elle sera passagère comme les incidents lamentables qui l'ont inspirée et qui, sous bien des rapports, la justifient. Mais, cette étude n'est pas faite en vue des circonstances éphémères qui, trop souvent

chez nous, jettent hors de sa voie régulière la marche
de la civilisation. Elle a la prétention d'être une appréciation sérieuse et impartiale des causes qui ont
rendu jusqu'à présent stériles tous les efforts tentés
pour fonder un gouvernement stable sur la base des
institutions parlementaires. Ce qui se passe sous nos
yeux atteste, une fois de plus, combien le mal qui
nous travaille est persistant et profond. La crise que
nous traversons ressemble, en effet, en tous points,
à toutes celles qui l'ont précédée. Fatigués, sans trop
savoir pourquoi, du pouvoir personnel, nous nous
sommes follement jetés, à la fin de l'Empire, dans
les bras des partis, dont la responsabilité devant
l'histoire véridique sera aussi gravement engagée,
dans notre désastre national, que celle du gouvernement impérial lui-même. Aujourd'hui, effrayés de
nouveau du mouvement révolutionnaire que nous
avons si témérairement déchaîné, nous cherchons
encore un sauveur ; hier le comte de Chambord ;
aujourd'hui le maréchal Mac-Mahon ; demain, peut-
être, un héritier de l'Empire, prêts à sacrifier encore
la liberté sous l'autorité d'un maître, pourvu qu'il
nous assure l'ordre que nous ne savons jamais défendre et conserver nous-mêmes !

Donc, les faits contemporains, si douloureux qu'ils
soient, ne sont que l'éclatante confirmation de ce que
l'examen sévère de nos erreurs et de nos fautes;

c'est-à-dire la leçon éloquente de notre histoire depuis quatre-vingts ans, nous a appris sur les causes essentielles de nos crises périodiques. Ils seront bien aveugles ceux pour qui la lumière de ces trois dernières années n'aura pas éclairé d'un jour sinistre la véritable situation politique et morale de notre malheureux pays. Ils seront bien coupables ceux qui, en présence des dangers que vient naguères de courir l'ordre et de ceux que court aujourd'hui la liberté, ne tenteront pas de nous arracher enfin à ces commotions périodiques, à ces extravagantes oscillations où nous allons, sans mesure et sans règle, du despotisme à l'anarchie et de l'anarchie au despotisme, impuissants à trouver cet équilibre qui seul constitue, par la paix et le progrès, l'assiette des gouvernements libres.

La pente qui nous entraîne vers l'abîme de la décadence, c'est la centralisation ; c'est le suffrage universel ; c'est le défaut d'éducation politique. Ce mal vient d'être mis, encore plus que jamais, en évidence par la chute de l'Empire, les crimes de la Commune, et l'impuissance manifeste où se trouvent aujourd'hui les partisans de la Monarchie et les hommes de la République à rien établir de sérieux ni de durable. Le laisserons-nous grandir encore par de nouveaux tâtonnements et de nouvelles expériences, en tournant éternellement dans le cercle fatal où nous nous sommes si souvent heurtés contre les mêmes obstacles ? Non, il faut en sortir résolûment et entrer dans une autre voie. Cette voie est toute tracée par la nature même de la maladie qu'il faut guérir. La centralisation nous tue ; il faut la combattre sans hésitation. Le suffrage universel nous menace ; il faut lui enlever, d'une main hardie, ses armes agressives.

Cela dit, abordons le problème de la décentralisation et voyons rapidement ce qui est nécessaire et ce qui est possible.

Ceux qui, jusqu'à présent, se sont occupés de cette difficile question, ne paraissent pas l'avoir examinée dans ses éléments les plus importants. Ils ne l'ont traitée, en général, qu'au point de vue purement administratif, et non pas même dans son principe et son ensemble, mais simplement dans les rapports de l'administration centrale avec les administrations locales. On s'est demandé ce que le pouvoir central pouvait, sans inconvénient, remettre à la décision des fonctionnaires départementaux ou municipaux, mais, néanmoins, en conservant toujours sur les actes de ces derniers une large autorité de contrôle, d'impulsion et de répression. Un certain nombre de questions ont pu ainsi être déplacées et trouver une solution plus rapide dans le pouvoir agrandi d'un préfet ou d'un conseil général ; mais l'action administrative, en se rapprochant davantage des intérêts sur lesquels elle s'exerce, n'a, pour cela, changé ni de forme ni de nature. Le rouage qui la met partout en mouvement est resté, comme auparavant, fixé au centre de la machine gouvernementale, et l'armée des agents et des employés de tous grades est demeurée soumise à cette discipline inflexible, à cette obéissance passive que la centralisation, sans contrepoids, exige et constitue au profit de l'Etat. Dans ces conditions, on n'a fait que changer le mode d'action de la centralisation, sans en atténuer les inconvénients.

Pour résoudre le problème, il faut le prendre dans ses éléments généraux et dans son principe radical.

Quel est le mal et où est-il ?

Le mal est dans la colossale tyrannie que le pouvoir central exerce sur tous les intérêts et sur tous les individus.

Il a étouffé l'indépendance provinciale ; il a tué l'initiative individuelle ; il a créé la fatale doctrine de l'Etat-Providence ; il a tout absorbé pour mieux dominer ; voulant tout diriger, il a élevé les moindres questions à la hauteur d'un grand intérêt public et il a habitué la France à cette docilité moutonnière qui, si elle est le meilleur instrument de la dictature et le plus utile auxiliaire des partis, est bien plus encore l'écueil de la liberté et le perpétuel obstacle au développement des mœurs publiques.

C'est là, c'est sur ce terrain qu'il faut attaquer le mal et y chercher le remède.

Or, ce remède, plus simple qu'on ne pense, se trouve dans une plus juste classification des fonctions, des droits et des intérêts qui séparent le domaine public du domaine local et du domaine privé. Nous posons comme des axiomes les vérités suivantes :

L'Etat ne peut et ne doit régir que les intérêts généraux.

L'administration des intérêts locaux ne peut se faire utilement, sagement, consciencieusement, que là où ils naissent, se formulent, se développent et peuvent sûrement s'apprécier.

Quant aux intérêts privés, ils ne regardent à aucun titre ni l'Etat ni les administrations publiques et toute immixtion du pouvoir y est fondamentalement illégitime.

Quels sont les intérêts généraux ? Ce sont surtout les intérêts politiques, l'ordre intérieur et la sûreté extérieure, le maintien et la défense de l'unité nationale, le respect de la loi librement et régulièrement votée, la perception des impôts, qui sont la contribution de chaque membre de la société aux dépenses que l'Etat social impose et que les mandataires de la nation ont reconnues nécessaires ; enfin, la représentation officielle du pays à l'étranger.

En dehors de cela, tout est intérêt local ou intérêt individuel.

Il serait superflu d'analyser en quoi consistent les intérêts locaux. Ce sont choses trop connues pour être répétées.

Un département, une commune, sont des êtres collectifs dont l'action, si elle doit se combiner avec l'ensemble du corps social, conserve cependant, pour tout ce qui ne touche pas directement aux intérêts généraux, une individualité manifeste. Au point de vue de la propriété, des finances, des travaux publics, de l'instruction publique, des questions de morale sociale ou religieuse, d'assistance, de prévoyance, et enfin, d'administration proprement dite, il y a, dans chaque agglomération provinciale ou communale, un domaine parfaitement défini qui les distingue, par une foule de traits caractéristiques, de toutes les autres agglomérations analogues.

De même, il est facile de préciser ce que comprennent les intérêts individuels. C'est tout ce qui constitue l'homme envisagé dans sa vie personnelle, dans sa vie de famille et dans ses relations particulières avec ses semblables. L'homme, selon le mot d'Aristote, est : un animal politique, ζωον πολιτικον, lorsqu'il se trouve en rapport avec la société tout entière et

lorsqu'il exerce ses droits ou remplit ses devoirs sociaux; mais, dans son existence purement humaine, il
est un individu, et, de même que, pour ses actions de
chaque jour, il n'a pas à s'occuper de la façon dont
marche la machine politique tout entière, de même
le pouvoir qui met cette machine en activité n'a pas
à s'occuper de lui. Ce qu'il pense, ce qu'il fait, ce qu'il
croit, ce qu'il veut, ne regarde que lui-même. Tant
qu'il ne touche à aucun intérêt général, tant qu'il
ne trouble pas l'ordre public, il est dans son domaine
propre et exclusif, et tire de la nature même le droit
imprescriptible de l'administrer à son gré.

Le mouvement social peut, dès lors, se résumer
dans les termes suivants : Centralisation des intérêts
généraux; décentralisation des intérêts locaux;
émancipation des intérêts privés. L'œuvre à accomplir tient tout entière dans cette formule qui pourrait s'exprimer d'une manière aussi exacte par cette
autre trilogie: Unité nationale, indépendance provinciale, liberté individuelle. On peut même dire que
l'émancipation de l'individu est le vrai fondement de
l'ordre général, et que si l'autorité, pour tout courber, est partie du droit absolu de l'État, la liberté,
pour s'établir, doit, au contraire, partir du droit absolu de l'individu. Affranchir les intérêts privés,
dégager le citoyen de ces mille lisières qui paraly-
sent tous ses mouvements, c'est le premier besoin et

le premier devoir pour acclimater parmi nous cette vivifiante pratique du *self government*, qui n'est autre chose que la liberté personnelle agissant par ses propres inspirations et sous sa seule responsabilité. L'Empire était très résolûment entré dans cette voie en proclamant la liberté économique. Sans ses terribles désastres, il est visible qu'il y aurait marché jusqu'au bout. L'exercice constant des droits personnels est certainement le meilleur apprentissage de la vie publique. Quand l'homme s'est habitué à gérer à son gré tous ses intérêts, à étudier et mûrir ses idées et ses convictions en dehors de toute direction étrangère, il apporte le même esprit d'initiative dans l'appréciation des affaires générales, dans la pratique de ses droits et dans l'accomplissement de ses devoirs sociaux et cesse d'être un jouet entre les mains du pouvoir ou des partis. C'est ainsi que se forment, peu à peu, ces grandes mœurs publiques qui sont la force, le pivot et le soutien des gouvernements libres.

Liberté du travail, liberté de l'industrie, liberté des opinions et des croyances, liberté de disposer de sa propriété, liberté du commerce, liberté des transactions, liberté d'administrer à son gré les intérêts et les droits de la famille, liberté de tester, liberté de circulation, voilà ce que la raison réclame si l'on veut rendre à l'homme sa dignité et au citoyen sa légitime influence. La Société ne peut exiger de l'individu que trois choses : Contribuer aux dépenses sociales ; respecter la loi ; ne pas troubler l'ordre. Tout ce qu'elle prétend lui imposer au delà est abusif et oppressif.

XIII

L'INDÉPENDANCE LOCALE

Si l'émancipation de l'individu est le principe même de la liberté, l'indépendance locale en est la première et la plus utile application.

Comment peut-on arriver à ce que les intérêts locaux s'administrent eux-mêmes, sans tomber dans le système fédératif, qui ne pourrait s'adapter ni au génie, ni aux mœurs, ni aux besoins de notre pays?

En remontant aux idées qui avaient inspiré, à cet égard, les législateurs de 89, on voit qu'ils avaient résolu la question d'une manière simple et logique. La Constitution avait, en effet, confié l'administration départementale à un conseil issu de l'élection, tout en maintenant, il est vrai, l'action de ce pouvoir local sous l'autorité du pouvoir central. C'était, en fait, néanmoins, remettre aux populations elles-mêmes le soin de leurs propres intérêts et constituer,

en principe, l'autonomie provinciale. Le parti girondin resta, jusqu'au bout, fermement attaché à ce
principe, qu'il voulait même élargir et compléter ;
mais, ainsi qu'on l'a vu plus haut, le système dictatorial des Jacobins l'emporta. Les conseils de départements n'eurent qu'une courte existence ; la Convention nationale les supprima (loi du 14 frimaire
an II), et, bientôt après, ils furent remplacés par un
commissaire spécial, chargé d'inspirer et de guider
l'administration départementale (Constitution de
l'an III). La centralisation ainsi rétablie trouva une
nouvelle force dans la politique autoritaire du premier
consul, qui mit un agent unique à la tête de chaque
département, le préfet, et de chaque arrondissement,
le sous-préfet (loi du 15 pluviôse an VIII).

Le second Empire semblait vouloir revenir au
système de la Constituante, lorsqu'en 1867 il institua,
auprès du préfet, une commission permanente, nommée par le conseil général, ayant une mission de surveillance et de contrôle, et remplaçant, dans l'intervalle des sessions, le conseil général lui-même.
Mais, pour réaliser une véritable décentralisation,
il faut aller plus loin encore et reprendre franchement l'idée première du mouvement de 89, c'est-à-
dire confier l'administration des intérêts locaux à
une autorité entièrement locale, issue de l'élection, et
ayant ainsi toute la confiance de l'opinion publique.

Voici comment nous comprenons le mécanisme de ce système, étant donnée, comme nous l'avons proposé, la création des grandes circonscriptions provinciales.

Chacune de ces circonscriptions embrasserait, en sous-ordre, un certain nombre de départements et de communes. Les départements seraient à la province ce que les arrondissements sont aujourd'hui aux départements. Quant aux arrondissements qui ont été formés bien plus arbitrairement encore que les départements eux-mêmes, rien ne saurait justifier leur maintien. Les communes, au contraire, sont à la province ce que la famille est à la cité; ce sont des groupes très compactes, très solidarisés et très caractérisés. Si ce n'était leur nombre et leur division extrême, on devrait les considérer comme la véritable unité administrative et le foyer même de d'indépendance locale. A proprement parler, dans une société vraiment libre, il ne devrait y avoir en présence que la commune et l'Etat. Mais les grandes agglomérations nationales ont des intérêts supérieurs qui ne sauraient se concilier avec cet émiettement de l'administration publique. Entre l'intérêt purement municipal et l'intérêt social, qui entreraient bientôt en lutte ouverte, il faut constituer de grandes forces intermédiaires, qui leur servent de moteurs et de modérateurs. Le département a été l'expression de cette nécessité ; nous croyons, par tout ce qui précède, que la province peut mieux satisfaire ce besoin de hiérarchie, de cohésion et de solidarité; mais l'utilité et l'efficacité de l'un ou de l'autre, dans un pays aussi fortement unifié que la France, ne peuvent être contestées.

Donc, trois degrés dans la classification des intérêts locaux : la commune, le département, la province. Pour leur administration, un système uniforme. Triple création d'un conseil provincial, chargé des intérêts collectifs de la province; d'un conseil départemental, chargé des intérêts du département; d'un conseil municipal, chargé des intérêts de la commune.

Naturellement, dans une démocratie comme la nôtre, ces conseils ne peuvent être que le produit du suffrage universel sous des conditions qu'une loi électorale aurait à déterminer. Seulement, pour les uns comme pour les autres, il semble indispensable de procéder par scrutin de liste, afin que les membres élus expriment, avec exactitude, l'état des esprits, des vœux et des intérêts, dans la province, le département et la commune qu'ils représentent.

Chaque conseil, ainsi constitué, nommerait, dans son sein ou hors de son sein, une commission, chargée, sous son autorité supérieure, de l'administration de la province, du département ou de la commune.

La durée des fonctions de cette commission, le mode de nomination, les limites de ses pouvoirs et les garanties de sa responsabilité, sont des questions de détails qui ne peuvent être abordées ici. Indiquons seulement que, pour les commissions municipales, en considérant les inconvénients inhérents, dans la plupart des communes, à la composition et à la compétence des conseils élus, il paraîtrait utile d'adjoindre au vote des membres de ces conseils celui, par exemple, des plus forts contribuables.

Mais quoi! Allons-nous donc remettre, aveuglément et sans garantie, aux provinces, aux départements et aux communes, l'entière administration de leur territoire? Allons-nous supprimer, sans réserve, tous les fonctionnaires publics, préfets, maires etc., qui sont aujourd'hui auprès des populations les agents du pouvoir central, les exécuteurs de la loi, les gardiens sévères des droits de l'Etat et les défenseurs vigilants des intérêts nationaux? Allons-nous morceler la France en une infinité de petits Etats indépendants et peut-être rivaux, qui peuvent être tentés de briser sans cesse tous les liens qui les rattachent à l'ensemble, et pousser jusqu'aux plus étranges caprices la liberté que nous voulons leur donner? Non, sans doute! Nous ne sacrifions pas les intérêts de l'unité aux droits de l'indépendance locale et les deux choses doivent nécessairement se combiner et se fortifier l'une l'autre sans pouvoir jamais se nuire ni s'amoindrir. C'est ici qu'apparait l'utilité de cette classification générale dont nous avons esquissé plus haut les conditions essentielles et qui est toute la solution du problème. Qu'est-ce qui est d'intérêt général? Qu'est-ce qui est d'intérêt local? Qu'est-ce qui est d'intérêt individuel? La classification bien établie, il n'y a plus qu'à prendre toutes les précautions de nature à empêcher chacun de ces intérêts de sortir de son domaine et d'empiéter sur celui qui ne lui appartient pas. Ce n'est plus qu'une question de surveillance et de répression.

Ainsi, pour le fonctionnement des autonomies locales, il faut poser nettement en principe, que ni le conseil municipal ni la commission qui le représente n'ont le droit de s'occuper d'autre chose que des intérêts purement et essentiellement communaux; que le conseil et la commission du département ne peuvent absolument rien en dehors des intérêts départementaux; que le conseil et la commission provinciale n'ont rien à faire de ce qui est étranger aux intérêts provinciaux.

Qui peut veiller à l'observation rigoureuse de ces devoirs hiérarchiques? Evidemment le pouvoir exécutif, investi du droit souverain de maintenir l'ordre et de faire respecter la loi dans toute l'étendue du territoire. Pour remplir cette haute mission,

il n'a qu'une chose à faire, c'est de nommer auprès
de chaque administration provinciale, départementale
ou municipale, un délégué spécial avec pouvoir de
contenir chacune d'elles dans le cercle tracé par la
loi, de l'y faire rentrer si elle s'en écarte ou d'en
appeler à une autorité supérieure si sa voix est
méconnue et si un conflit déclaré exige des mesures
exceptionnelles.

L'Angleterre a créé, dans cet ordre d'idées, une
fonction sociale qu'il y aurait lieu d'étudier plus
profondément. C'est celle de l'attorney public qui
représente, dans les grandes assemblées, le droit de
l'Etat et l'autorité de la loi. Nous l'avons adoptée
et imitée dans l'ordre judiciaire. Le ministère public
près les cours d'appel et les tribunaux est à la fois
le représentant du pouvoir exécutif, le gardien des
principes et aussi l'auxiliaire actif de la justice. Il
prépare les questions graves que la magistrature
assise est appelée à résoudre; il porte la parole
devant les juges pour éclairer leur religion dans
toutes les circonstances où un grand intérêt est en
jeu; il élève les conflits devant un tribunal supérieur
ou devant la Cour suprême lorsqu'une décision lui
paraît contraire à l'équité ou à la loi; enfin, il
remplit une importante fonction de contrôle et même
d'initiative, sans avoir cependant lui-même le pouvoir de décider et sans pouvoir gêner en rien l'indé-

pendance que les juges trouvent dans leur conscience et dans leur inamovibilité.

Eh bien ! c'est quelque chose d'analogue que nous voudrions voir établir auprès des administrations de la province, du département et de la commune, dans le double but de les arrêter lorsqu'elles excéderaient leurs pouvoirs légaux et de concourir à leur œuvre, soit en préparant les éléments de leurs délibérations, soit en leur faisant entendre la voix éclairée de l'autorité supérieure, tout en leur laissant, comme font les parquets envers les tribunaux, l'entière liberté de leurs décisions.

Ce ministère public de l'ordre politique et administratif pourrait parfaitement conserver le nom sous lequel on s'est habitué à le connaître aujourd'hui et jadis. Pour la province, on pourrait rétablir le titre ancien de gouverneur ; pour le département, maintenir le titre de préfet ; pour la commune, celui de maire.

Étant essentiellement les mandataires et les délégués du pouvoir central, ces hauts fonctionnaires seraient nommés directement par le gouvernement et investis de toutes les attributions nécessaires pour remplir le triple but de leur institution.

Comme représentants de l'intérêt général, ils réuniraient en leurs mains les pouvoirs supérieurs de nature à sauvegarder les droits de l'Etat dans ses rapports avec chaque partie du territoire.

Comme organes, exécuteurs et défenseurs de la loi, ils auraient le droit de s'opposer à tout acte qui empiéterait sur les prérogatives générales de l'Etat ou mettrait en péril l'ordre public, ou excéderait, d'une façon quelconque, les attributions des administrations locales.

Comme auxiliaires naturels de ces administrations, ils élaboreraient les divers travaux qui devraient être soumis à leurs délibérations ; ils en éclaireraient la solution possible en portant la parole dans les séances des conseils ; puis ils en feraient exécuter les décisions.

En examinant bien ce qui se passe aujourd'hui et ce qui se passerait dans ce systeme, on voit aisément que la mission du préfet serait à peu près ce qu'elle est maintenant, seulement la décision lui serait enlevée ; mais, en revanche, il acquerrait le droit de *veto* et conserverait, dans des proportions plus larges peut-être qu'actuellement, tout ce qui concernerait la gestion et la défense des intérêts généraux.

De même, dans la province, le gouverneur serait, à la fois, auprès du conseil provincial, d'une part, le gardien vigilant des droits de l'Etat et des limites qu'il serait interdit à l'administration provinciale de franchir ; de l'autre, un collaborateur actif et dévoué qui préparerait les questions à résoudre et faciliterait, par ses sages avis, les délibérations de l'assemblée.

Enfin, dans la commune, le maire agirait auprès du conseil municipal dans des conditions analogues; en outre, il serait évidemment utile de lui réserver, comme dans le système actuel, la célébration et la constatation des actes de l'état civil.

Simples commissaires délégués, dans leurs rapports avec l'administration locale, tous ces fonctionnaires seraient revêtus d'une autorité directe et personnelle, dans tous les cas où ils auraient à représenter l'action constitutionnelle et légale du pouvoir exécutif et de l'administration centrale. C'est à eux que devrait appartenir et c'est par eux que devraient être tranchées, sous le contrôle du gouvernement et sous leur responsabilité, les questions que la loi aurait déclarées dépendre du domaine public; nous voulons parler, comme on l'a vu plus haut, des intérêts d'ordre social que peuvent seuls administrer, au nom de la France entière, les pouvoirs investis, par la Constitution, des droits de la souveraineté. Ainsi la police, la défense de l'ordre publique, les rapports du gouvernement central avec tous les éléments de la force publique, avec les divers cultes, avec les établissements d'enseignement secondaire ou supérieur, les élections pour les Chambres législatives, la surveillance et la répression des divers modes de publicité, les impôts en tout ce qui concerne les droits du Trésor, la viabilité générale, les grands travaux d'utilité publique dépassant les limites de la province, en un mot tout ce qui intéresse l'ordre moral, la politique, l'administration et la fortune du pays tout entier, rentrerait naturellement dans leurs attributions spéciales. C'est, au reste, une simple affaire de définition. Qu'est-ce qui constitue le domaine public ? Qu'est-ce qui constitue le domaine local ? Ce point élucidé, la division des fonctions en découle comme une conséquence logique.

Quant au droit de *veto*, ce serait une attribution spéciale et indispensable qui en ferait de véritables intermédiaires entre l'administration provinciale et les grands pouvoirs publics. En l'exerçant, ils s'opposeraient à tout acte illégal, extralégal ou inconstitutionnel, et en pourraient suspendre l'exécution, en le déférant à une juridiction supérieure compétente pour le juger. Ce cas peut notamment se présenter, lorsque les conseils et les administrations de province, de département ou de commune, excèdent leurs attributions et entreprennent sur le domaine de la loi ou de la puissance publique, ou lorsqu'ils violent un des grands principes d'ordre social consacrés et garantis par la Constitution. Comme le procureur général près les cours d'appel, ou le procureur de la République près les tribunaux, le gouverneur, le préfet ou le maire pourraient se pourvoir contre les décisions prises illégalement et en provoquer l'annulation.

Pour donner à la sentence supérieure toute l'autorité morale nécessaire, il faudrait déférer les recours contre les excès du pouvoir des administrations provinciales, au Sénat, conservateur de la Constitution et gardien de la majesté des lois. Néanmoins, quand il ne s'agirait que d'une question purement administrative qui n'intéresserait pas formellement l'ordre public, on pourrait se borner à un appel comme d'abus devant le conseil d'Etat, en organisant ce corps supérieur, ainsi qu'on le verra bientôt, avec des garanties d'indépendance et d'impartialité, de nature à rassurer tous les droits contre tout arbitraire.

Pour les administrations départementales, le recours pourrait être porté devant le conseil provincial, avec faculté au gouverneur, selon la nature et la gravité des circonstances, d'évoquer l'affaire devant le Sénat ou devant le conseil d'Etat.

Pour les administrations municipales, la question serait soumise au conseil départemental, avec faculté pour le préfet de la porter plus haut encore si les choses l'exigeaient.

Ainsi, tout se tient et s'uniformise dans le système que nous préconisons. L'indépendance locale y est fortement constituée et s'y exerce dans toute la plénitude de son initiative et de sa liberté, sans que les droits supérieurs de la chose publique en soient diminués. Le pouvoir central se débarrasse d'une foule de questions étrangères à l'ordre, à la sûreté et à la fortune publique, et dont la décision peut, dès lors, être laissée aux pouvoirs locaux qui y ont un intérêt direct ; mais il n'abdique pour cela ni sa surveillance ni sa mission, qui est de maintenir partout l'harmonie de tous les intérêts, l'équilibre de toutes les forces et l'exécution de toutes les lois. Voyons, maintenant, comment, dans sa sphère, il peut remplir cette haute mission.

XIV

LA NOMINATION DES FONCTIONNAIRES

Pour qu'elle soit féconde et efficace, l'œuvre de la
décentralisation ne doit pas avoir pour unique but
de ranimer partout le mouvement social en resti-
tuant leur initiative aux intérêts individuels, leur indépendance et leur autonomie aux intérêts de la
province, du département et de la commune ; elle
doit aussi et surtout tendre à affranchir l'Etat des travaux gigantesques dont la centralisation l'a sur-
chargé, de l'immense responsabilité qui en résulte et
du fardeau d'Atlas qu'il porte sur sa tête. En même
temps, elle doit être, pour la liberté, une garantie
contre les abus du pouvoir, comme elle doit être,
pour l'autorité, une garantie contre les entreprises
des partis.

Un des plus fatals effets de la centralisation a été
la manie des fonctions publiques ; de là est née la

bureaucratie qui, par la multiplicité et la complica-
tion de ses moindres rouages, soulève tout un monde
d'employés, de formalités, de paperasseries et de
délais ruineux pour la plus insignifiante affaire. De
là est née aussi la mendicité officielle qui encombre
toutes les avenues du gouvernement de solliciteurs
faméliques, avides d'émarger au budget de l'Etat, et
qui est, chez nous, la cause la plus directe de l'a-
baissement des caractères. Les hommes du pouvoir
ont été trop heureux de rencontrer partout, en
France, cette disposition des esprits pour ne pas s'en
servir largement. On a vu qu'ils ont créé une in-
nombrable armée de fonctionnaires de tous rangs,
de tous noms et de tous ordres, fortement hiérar-
chisés et subalternisés, qui sont les mille bras par
lesquels agit de tous côtés à la fois le Briarée de
l'administration publique ! Et, pour mieux atteindre
le but, la centralisation a mis la main sur tout ce qui
constitue la vie de la société. Elle tient, nomme et
dirige souverainement non-seulement l'administration proprement dite, mais l'armée, la magistrature, l'enseignement public, la religion, etc. C'est
le pouvoir exécutif seul qui élève, qui abaisse, qui
choisit, qui révoque, qui récompense ou qui punit.
Il n'y a pas plus de limites à ses faveurs qu'il n'y en
a à ses caprices. Il dispose de tout et de tous à sa
volonté, et tous ces agents, sachant qu'ils en dé-

pendent absolument, s'habituent à ne connaître et à ne respecter d'autre maître que celui qui est à la tête du gouvernement. C'est, sous tous les régimes, l'irrésistible force du pouvoir personnel et le plus docile instrument de tous les despotismes.

Avec la nomination des magistrats, le gouvernement peut toujours diriger au gré de ses intérêts l'application et l'interprétation de la loi. On a cru assurer, par l'inamovibilité, l'indépendance du juge ; mais n'y a-t-il pas l'avancement qui met sans cesse l'intérêt aux prises avec la conscience ?

Avec la nomination des officiers de l'armée, le gouvernement est maître de la force publique, et trop d'exemples attestent comment il peut être entraîné à en abuser contre la liberté.

Avec la nomination des membres du corps enseignant à tous les degrés, il est maître de l'éducation du peuple et de la direction de l'instruction publique, de manière à plier dès l'enfance les esprits et les mœurs aux seules idées qui lui conviennent.

Avec la nomination des membres du clergé, il peut exercer un terrible despotisme sur cette liberté, la première et la plus inviolable de toutes, la liberté des croyances.

Notre histoire est, à toutes les époques, un lamentable témoignage de ces abus d'autorités qui ont fait entrer l'esprit de parti, avec toutes ses erreurs et toutes ses injustices, dans les choses qu'il fallait le plus soigneusement préserver de la funeste influence des passions politiques.

On ne fera jamais de la véritable décentralisation, si on ne modifie pas, à cet égard, le droit exclusif et arbitraire de l'Etat. Il ne suffit pas de décentraliser l'administration et les intérêts ; il faut aussi décentraliser les fonctions.

Aux Etats-Unis, on est allé dans cette voie aussi loin qu'il est possible, en constituant l'élection des magistrats chargés de distribuer la justice, en proclamant, sans réserve, la liberté de l'enseignement, et en séparant tout à fait l'Eglise de l'Etat.

Peut-être, en ce qui concerne l'enseignement et la religion, est-ce là en effet la solution la plus juste et la plus satisfaisante. L'Etat n'a vraiment compétence ni dans le domaine des croyances religieuses, ni dans le règlement des procédés d'instruction publique. Chacun doit pouvoir croire ce qu'il veut et s'instruire à sa guise. La liberté des cultes implique leur indépendance entière vis-à-vis de l'Etat, et le gouvernement, pourvu que l'ordre public ne soit pas troublé, n'a pas à intervenir dans ce qui se passe dans chaque église, ni à fournir aux dépenses des diverses associations religieuses. De même la liberté d'enseignement implique l'indépendance complète des établissements où se donne l'instruction. Tôt

ou tard, le ministère des cultes et celui de l'instruction publique disparaîtront avec les dépenses considérables dont ils grèvent le budget. Mais, nous n'en
sommes pas encore à ces vérités, et l'exemple des
Etats-Unis ne paraît pas devoir être suivi de longtemps en France !

Quant à l'élection des magistrats, nous doutons
qu'il le soit jamais. Si l'inamovibilité n'a pu préserver la justice de certaines faiblesses, l'élection,
par le suffrage populaire, est bien autrement dangereuse ; elle fait du juge l'homme-lige de l'électeur ;
elle laisse envahir le sanctuaire de la loi par tous
les interêts et toutes les exigences des partis. Il n'y a
plus de garanties dans ce système ni pour la dignité
du juge, ni pour les droits des citoyens.

Dans notre organisation civile et sociale, il ne
faut pas songer à ces moyens extrêmes ; mais il en
est d'éminemment simples et pratiques, parfaitement
en rapport avec nos mœurs et nos besoins, et auxquels nous nous étonnons que l'on n'ait pas encore
songé. — Au lieu de livrer la nomination des magistrats, des officiers, des professeurs et des clergés
au caprice, à la faveur, et dès lors à la suprématie
du gouvernement, pourquoi ne pas les faire nommer
par leurs pairs, dans des conditions d'aptitude, de
moralité et de hiérarchie que la loi déterminerait
et qui échapperaient ainsi à tout arbitraire ?

8.

Quoi de plus rationnel que de confier à la cour d'appel d'un ressort le droit de nommer les juges des tribunaux de première instance, en appréciant les titres, les antécédents et les capacités des candidats ; à la cour de cassation, le droit d'élire les membres des cours d'appel et de se recruter elle-même, par le suffrage de ses chambres réunies, parmi les sommités de la magistrature ou du barreau ? Est-ce que des magistrats élus dans de pareilles conditions, consacrés ainsi par un éclatant témoignage d'estime et de confiance, et ayant, d'ailleurs, pour la sécurité de leur avenir, la garantie de l'inamovibilité, ne seraient pas entourés d'un prestige bien autrement considérable que ceux dont la nomination est presque toujours le prix de services rendus au pouvoir ?

Quoi de plus rationnel que d'exiger, pour l'obtention de chaque grade dans l'armée, un examen spécial subi par l'aspirant et jugé par une commission d'officiers de divers degrés, suivant l'importance du titre à conférer ? Est-ce que ce ne serait pas, pour ceux qui s'honoreraient dans cette épreuve, accroître, avec leur considération personnelle, leur autorité sur l'esprit des soldats ? Et l'armée ne se peuplerait-elle pas ainsi d'officiers d'élite, instruits, habiles, expérimentés, au lieu de s'affaiblir souvent par tant de choix regrettables, fruit d'un favoritisme aveugle, qui ont été, dans tant de circonstances inutiles à rappeler ici, le malheur, la honte et la fatalité de notre pays ?

Quoi de plus juste que d'imposer à ceux qui se consacrent à l'instruction de l'enfance et de la jeunesse, une épreuve solennelle où, devant les membres du corps enseignant dont ils ne peuvent contester ni la compétence ni l'impartialité, ils établissent leurs droits et leurs titres à la situation qu'ils ambitionnent? Le haut professorat se recrutait naguère encore par la voie des concours publics! On a supprimé ce système pour y substituer la nomination directe par l'Etat. Tout conseille d'y revenir et de rétablir le concours pour les hautes fonctions de l'enseignement et l'élection par les Facultés ou les Académies pour les emplois inférieurs.

Enfin, pour les cultes eux-mêmes, n'est-il pas aussi étrange qu'abusif de voir l'Etat intervenir, auprès des diverses confessions religieuses, pour leur nommer et leur imposer des pasteurs et des administrateurs qui, souvent, ne répondent ni aux vœux, ni aux besoins des fidèles? Ne serait-il pas logique de laisser les communautés choisir elles-mêmes, dans la liberté de leurs principes religieux et des règles fondamentales de leurs églises, les divers fonctionnaires de leurs cultes, évêques, prêtres, pasteurs, rabbins, consistoires, etc., sans introduire

ainsi imprudemment la responsabilité du pouvoir
et l'influence fatale de la politique dans le domaine
de la foi ?

Alors, si on établissait ainsi que les grandes fonc--
tions sociales seraient conférées par les corporations
elles-mêmes où elles doivent s'exercer, comme un
signe solennel de la confiance éclairée des membres
éminents qui les composent, on assurerait leur
autorité morale en fortifiant leur indépendance, on
en ferait le prix des mérites les plus incontestables
et des caractères les plus éprouvés, au lieu de les
livrer, comme aujourd'hui, à toutes les influences
aveugles et malsaines d'une faveur sans limite ou
d'un caprice sans raison. On en ferait surtout une
force publique qui, n'étant ni l'esclave du pouvoir ni
l'instrument des partis, resterait dans les sphères les
plus élevées de l'impartialité et de la loi et serait,
dans l'armée, une inviolable garantie pour l'ordre ;
dans la magistrature, un palladium du droit et de la
liberté ; dans l'Eglise, un écho fidèle de la parole
d'amour et de paix ; dans l'enseignement, un foyer
de notions suaves et justes pour l'éducation du peuple.
De plus, on rétablirait ainsi, en le retrempant aux
sources les plus pures, l'esprit de corps, l'ancienne
hiérarchie professionnelle, qui ont été autrefois un
élément essentiel de l'ordre social et qui seraient
aujourd'hui d'efficaces contre-poids, dans l'intérêt

de la loi, de la morale et de la paix publique, soit contre les abus du pouvoir, soit contre les entraînements des masses.

Il est évident qu'il y aurait à régler, dans ce système, les questions d'aptitude et d'avancement, de manière à entourer tous les droits légitimes et toutes les vocations sérieuses des garanties qui leur manquent aujourd'hui. Mais ce n'est là qu'une question de détail.

De même, il y aurait lieu de définir quel pourrait être, en ces diverses matières, le rôle supérieur de l'Etat. Nous ne songeons pas à l'exclure absolument d'une juste et sage participation. Il pourrait certainement éclairer, au moyen des délégués dont nous avons parlé plus haut, les choix faits par chacun des corps spéciaux. Le ministère public, auprès des tribunaux ; des commissaires particuliers, auprès des commissions militaires, universitaires ou religieuses, feraient entendre sa voix et ses conseils, sans prendre part eux-mêmes aux délibérations définitives. D'autre part, il serait juste de lui réserver l'investiture des titres conférés par l'élection et l'examen. Enfin, il garderait toujours son droit supérieur pour le cas où, l'ordre public se trouvant menacé ou compromis, il y aurait lieu à répression dans l'intérêt de la société ou de la loi.

Cette grande et utile réforme achèverait l'œuvre

de la décentralisation et, en posant sur une base solide l'indépendance des citoyens, des fonctionnaires et des intérêts, elle donnerait la plus féconde impulsion au développement des mœurs publiques.

XV

FONCTIONS ET RAPPORTS DES TROIS POUVOIRS

Remontons maintenant plus haut et voyons comment fonctionneront les divers rouages dont l'ensemble constitue la machine politique.

Que l'on soit en Monarchie ou en République, on a vu que les institutions parlementaires exigent un pouvoir législatif, un pouvoir exécutif et un pouvoir modérateur.

Pour le premier, c'est-à-dire pour la Chambre issue du suffrage universel et représentant les populations, nous avons peu de chose à en dire. Il faut le conserver tel ou à peu près tel qu'il est aujourd'hui. Il n'y a qu'à épurer et fortifier son origine en réglementant sans l'altérer le suffrage universel, qui en est le principe fondamental. Sans doute aussi, y aura-t-il lieu de réduire le nombre de ses membres. Une Chambre de 750 députés est beaucoup plus

nombreuse que ne le comportent les besoins du pays.
En étudiant avec soin le système des circonscriptions
électorales, on se convaincra aisément qu'on peut
réduire de plus d'un tiers ce nombre exagéré. Mais,
quant aux attributions, il ne paraît pas possible de
les modifier essentiellement. La Chambre des députés
sera toujours l'expression la plus directe et la plus
fidèle de l'opinion publique, comme elle sera par
excellence la représentation la plus immédiate de la
souveraineté populaire. A ce double titre, tout ce
qui concerne le mouvement général des affaires
publiques, mais surtout le vote des impôts, rentrent
dans son vaste domaine. Nous croyons qu'on pourrait la débarrasser sans inconvénient de l'examen
des pétitions individuelles ou collectives, pour le
transférer au Sénat, comme l'avait réglé la Constitution impériale; mais il ne paraît pas possible de
limiter sa puissance relative ni sa puissance politique.

Quant à la puissance législative, elle devrait
s'exercer par la double action de la Chambre des
députés et du Sénat. Ce dernier discuterait, en
second examen, les lois votées par la première
Chambre, et y proposerait toutes les modifications
qui lui sembleraient devoir y être introduites. La loi,
avec les amendements proposés, reviendrait devant
la première Chambre, comme il arrive dans tous les

pays constitutionnels, et les deux grands pouvoirs délibératifs tâcheraient de se mettre d'accord sur une rédaction définitive ; sinon la loi serait renvoyée à la session suivante, et, si l'entente n'avait pu s'établir, elle serait rejetée. Cette prépondérance accordée au Sénat devrait, en effet, être la conséquence logique de son institution. Créé pour servir de frein aux entraînements de l'opinion et de l'Assemblée qui en est l'émanation particulière, il est naturel que l'autorité de ses conseils soit prépondérante dans la décision suprême.

Mais, en dehors de sa participation à l'élaboration des lois, le Sénat devrait puiser des prérogatives spéciales dans le principe même de son pouvoir. Sa mission la plus considérable est d'être gardien de la Constitution et des grandes maximes de droit public sur lesquelles reposent les sociétés modernes. Le second Empire l'avait investi du droit d'examiner les lois votées au point de vue de leur constitutionnalité et de leur respect pour les principes de 89. Si l'on veut faire du nouveau Sénat un corps vraiment conservateur, il importe de lui donner ce contrôle supérieur qui lui permet de s'opposer, par une sorte d'exception préalable, à toute loi de nature à altérer les garanties constitutionnelles ou à menacer les libertés publiques.

En outre, il faudrait, comme nous venons de le

dire, réserver au Sénat l'appréciation des pétitions, afin qu'il pût, avec l'autorité de la tradition, condamner les idées mauvaises, approuver et recommander les idées justes, signaler et réprimer tous les . abus d'autorité.

Enfin, son autorité pondératrice s'exercerait surtout dans les conflits soulevés par les gouverneurs de province, les préfets ou les maires, lorsque les administrations provinciales, départementales ou municipales auraient excédé leurs attributions, ou lorsque ces administrations se plaindraient des empiétements du pouvoir ou de ses représentants contre leur autonomie.

Envisagées à ces divers points de vue, les prérogatives du Sénat lui donneraient, dans les conditions les plus larges, les plus élevées et les plus efficaces, le caractère essentiellement conservateur et modérateur qui est son but et sa raison d'être. Il représenterait ainsi l'autonomie locale dans ses justes limites, la tradition constitutionnelle dans toute sa majesté, la liberté individuelle dans toute son étendue, et l'équilibre des pouvoirs dans toute sa solidité.

Arrivons au pouvoir exécutif.

Ce qui a, en France, contribué, autant que toutes les causes que nous avons énumérées, à la mobilité des institutions et à l'instabilité des gouvernements, c'est une fausse notion de la puissance exécutive.

On l'a toujours considérée comme un pouvoir, tandis qu'elle n'est et ne peut être qu'un mandat. Le nom lui-même définit la chose. Le gouvernement, quelle qu'en soit la forme, ne délibère pas; il propose, il conseille, il discute; mais c'est le pouvoir législatif qui décide, et, quand il a prononcé, l'exécutif n'a plus qu'une chose à faire, c'est de se soumettre, lui aussi, à la loi votée et d'en assurer l'exécution. S'il s'y refuse, il se met en révolte contre l'ordre légal, et alors, dans cette lutte, la situation est livrée, non plus au droit, mais à la force, coup d'Etat ou coup de révolution. Dans les régimes pondérés, le chef du pouvoir, roi, si on est en Monarchie; président, si on est en République, n'est que le haut mandataire de la volonté supérieure du pays; c'est le premier et le plus élevé des fonctionnaires publics, mais ce n'est pas autre chose, et la durée de son mandat, même lorsqu'il est héréditaire comme dans l'état monarchique, n'en change ni le caractère ni les devoirs. C'est parce que cette vérité a prévalu dès longtemps en Angleterre dans tous les rangs de la société, que le régime parlementaire s'y est acclimaté avec tant d'éclat. Lorsque les conseillers de la couronne n'y ont plus la confiance des Chambres ou du pays, le roi, écoutant avec déférence la voix de la majorité et les vœux de l'opinion, y confie, sans hésiter, à d'autres ministres la direction

de la chose publique. Lorsqu'une loi est régulièrement votée, le pouvoir, même s'il ne l'approuve pas,
ne s'épuise point en conflits, aussi dangereux qu'i-
nutiles, et c'est ainsi que, des hautes régions, le
respect de la légalité et des droits de la représentation nationale a pénétré dans toutes les classes du
Royaume-Uni et y a formé ces mœurs saines et
vigoureuses, qui sont les meilleurs fondements de
l'ordre et de la liberté.

En France, au contraire, nous nous sommes
tellement habitués au grossissement des idées de
centralisation, à regarder le pouvoir comme le Dieu
tout-puissant à qui tout appartient et de qui tout
émane, que nous faisons toujours du chef de l'Etat,
qu'il soit monarque ou président, une sorte de César
suprême, où nous aimons à incarner l'autorité tout
entière plutôt que dans les Assemblées souveraines.
De là nos idées absolument erronées sur le vrai rôle
de l'un et des autres et sur les rapports réguliers
qu'ils doivent avoir entre eux. Rien n'a été plus fatal
que ce point de vue, et, malheureusement, par une
disposition naturelle à ceux qui se trouvent placés
au sommet de l'ordre social, les gouvernants eux-
mêmes se sont habitués à partager l'erreur générale
et à se croire réellement beaucoup au-dessus des
autres pouvoirs de l'Etat. De là toutes ces tentatives
de pouvoir personnel qui, lorsqu'elles n'ont pas

réussi par la violence, comme en 1851, ont abouti à de terribles révolutions, comme en 1830 et 1848.

Il faut revenir, sur ce point aussi, à la vérité des situations et des principes. Qu'on relise avec soin cette Constitution de 1791, application immédiate des idées des réformateurs de 89, si malheureusement étouffée dans le mouvement terroriste de 1792. On verra que le roi, véritable monarque constitutionnel, n'y est, dans la plus large acception du mot, qu'un mandataire, un agent essentiellement exécutif, entre les mains duquel le droit de *veto* qu'on lui accorde n'est qu'une arme vaine qui ne saurait prévaloir contre le vœu de la souveraineté nationale. Ce qui est vrai du roi, dans une Monarchie tempérée, est encore bien plus vrai du président dans une République.

Donc le pouvoir exécutif, dans le régime parlementaire, consiste essentiellement à exécuter loyalement les votes de la majorité. Ce n'est pas à lui qu'on obéit, c'est à la loi dont il est l'interprète, l'exécuteur et le gardien. Il ne peut rien au delà de ce que la loi autorise; il est tenu d'exiger tout ce qu'elle prescrit. S'il la dépasse, c'est un prévaricateur; s'il la viole, c'est un coupable; s'il la combat, c'est un rebelle. En l'appliquant et en la faisant respecter, il assure cette liberté légale, *libertas sub lege*, dont les Romains, nos maîtres en tant de choses, faisaient le plus grand devoir et le plus beau droit du citoyen.

Mais, il est cependant impossible de considérer la fonction suprême du chef de l'Etat comme un de ces mandats vulgaires et subordonnés, tels qu'on en donne et on en reçoit dans les moindres actes de la vie civile. Le mandat exécutif emprunte néoessairement à l'importance sociale des objets auxquels il s'applique un caractère qui l'élève à une très grande hauteur. Aussi, dans tous les systèmes politiques, l'a-t-on entouré de pérogatives considérables, et lui a-t-on donné des droits en rapport avec sa valeur, son action et son but. Dans les Monarchies, on l'a créé héréditaire et déclaré inviolable pour le placer, autant que possible, au-dessus des luttes et des compétitions des partis, dans la sphère sereine où un prince éclairé peut juger avec certitude le mouvement de l'opinion publique sans se mêler à ses passions. Dans les Républiques, on en a limité la durée, mais sans en altérer le principe ni l'autorité, et le Président y a, en général, des attributions aussi étendues qu'un Roi constitutionnel, et même plus étendues peut-être, grâce à sa responsabilité !

Le Pouvoir exécutif ne peut pas être, en effet, une machine absolument inerte et passive, suivant comme un automate l'impulsion de la majorité de hasard qui la monte et qui la dirige. C'est une fonction intelligente et consciente de ses actes, qui, sans avoir la décision souveraine, doit cependant jouer un rôle actif dans le mécanisme politique, et être, comme tous les autres rouages, une force concourant effi- cacement à la marche progressive de la société tout entière.

Pour suivre une comparaison que nous avons déjà faite, nous comprenons le Pouvoir exécutif comme un grand ministère public investi, dans les régions les plus hautes de l'ordre social, d'une mission ana- logue à celle que les parquets remplissent auprès des tribunaux. Il administre la chose publique, il élabore les questions sur lesquelles les représentants du pays auront à se prononcer, il éclaire, de sa parole et de ses conseils, les délibérations, et se pourvoit, au be- soin, par des moyens spéciaux contre les résolutions qui lui paraissent dangereuses ou injustes ; puis, lorsqu'il a rempli jusqu'au bout son œuvre d'initia- tive, de concours et de discussion, il s'incline, comme tous et avec tous, devant le vœu de la majorité, et n'a plus d'autre pouvoir ni d'autre devoir que de faire exécuter et respecter partout les inviolables arrêts de la Souveraineté nationale.

Voilà, réduite à des termes bien simples, la situa- tion légitime du chef de l'Etat, aussi bien sous la République que sous la Monarchie. Lui aussi doit être, d'ailleurs, un modérateur des impulsions trop vives, et, comme il voit de plus haut l'ensemble des choses, il est nécessaire qu'il puisse, à son tour, sentinelle vigilante de l'ordre, signaler les périls et les écueils où l'impatience des uns, l'ambition des autres, ou les mauvais dessins de plusieurs pourraient précipiter le char social. Lui aussi doit pouvoir, dans une certaine mesure, stimuler une marche trop lente ou retenir une course trop rapide.

Les procédés par lesquels tous les Etats parlementaires ont combiné ces divers éléments sont connus, et l'expérience en a, depuis longtemps, consacré les conditions essentielles.

Pour placer le Pouvoir suprême au-dessus et en dehors des partis, on n'a rien trouvé de mieux que la responsabilité ministérielle, c'est-à-dire la constitution d'un cabinet qui porte, devant les Chambres, avec la parole du Gouvernement, le poids et la responsabilité des affaires, et que les majorités soutiennent ou renversent, suivant qu'il est en accord ou en désaccord avec le sentiment du pays, dont elles sont les organes.

Dans ce système, si le pays est une Monarchie, la formule fameuse : « le Roi règne et ne gouverne pas » exprime exactement cette situation constitutionnelle. S'il est en République, on peut dire de même : « le Président préside et ne gouverne pas. » Le Gouvernement, dans le sens pratique du mot, est

exercé par les ministres, et ceux-ci couvrent le
Pouvoir de leur entière responsabilité. Doublement
mandataires, et par la confiance de la majorité et
par celle du Pouvoir exécutif, cette responsabilité
existe vis-à-vis de l'une et de l'autre. S'ils n'ont plus
la confiance des représentants du pays et du chef de
l'État, ils doivent se retirer, cédant la place à ceux
qui expriment mieux l'état des esprits et des intérêts.
C'est ainsi, c'est par ce mécanisme simple et ingé-
nieux que les changements de systèmes et de Gouvernement, suivant avec une précision irréprocha-
ble les mouvements de l'opinion, se réalisent instan-
tanément sans révolution et sans secousse. L'Angleterre est, sous ce rapport, un merveilleux modèle
qu'on ne saurait trop admirer.

Louis XVIII décrivait un jour, en ces termes pit-
toresques, la simplicité du régime constitutionnel :
« Le matin, disait-il, je me lève et demande à mes
» ministres : Messieurs, avez-vous la majorité ? Oui,
» Sire ! — C'est bien, je vais me promener ! — Le
» lendemain, je leur demande de nouveau : « Avez-
» vous toujours la majorité ? — Non, Sire ! Eh bien !
» allez vous..... promener ! »

Rien de plus simple, en effet ! Mais, quoi ! Le chef
suprême d'un grand Etat va-t-il donc être, ainsi, sans
réserve, une sorte de fonctionnaire fainéant qui,
n'ayant rien à faire qu'à nommer ou révoquer des

ministres, passera son temps en plaisirs stériles, ne prenant aucune part sérieuse à la gestion des affaires publiques? On le voudrait, qu'on n'y réussirait pas! La nature humaine parlerait bientôt plus haut que la loi, et la fiction, qui prétendrait annuler complétement l'intervention du chef de l'Etat dans la marche générale des intérêts sociaux, sera toujours démentie par la réalité. Quelque indifférent et réservé qu'on le suppose, un homme placé au sommet de l'ordre social, investi d'un titre qui éblouit les plus sages, étant d'ailleurs, presque toujours du moins, d'une intelligence supérieure, n'abdiquera jamais complétement sa personnalité et cherchera à faire prévaloir, soit dans les conseils du gouvernement, soit dans les délibérations des Chambres, les idées qu'il croira utiles. Aussi, toutes les institutions parlementaires, en plaçant, entre le pouvoir exécutif et la représentation nationale, la responsabilité ministérielle, ont-elles compris qu'il fallait réserver au premier une certaine liberté d'action et ne pas le contraindre à rester tout à fait étranger à ce qui se passe autour de lui.

Trois prérogatives, qu'on peut appeler régaliennes, lui ont été généralement attribuées dans ce but : 1º Le droit de choisir ses ministres et de nommer tous les agents de l'administration publique; 2º le droit de *veto*, c'est-à-dire le pouvoir de s'opposer à la promulgation d'une loi qu'il désapprouve; 3º le droit de dissoudre les Chambres et de faire appel au pays.

Par la nomination de tous les fonctionnaires de l'ordre administratif, il remplit, dans toute son indépendance, la mission exécutive qui constitue essentiellement son mandat social. Il fait exécuter les lois et préside à tous les intérêts publics, représenté partout par les agents qui fonctionnent sous ses ordres et sous sa responsabilité.

Mais, par le droit de *veto* et de dissolution, il exerce une action personnelle qui est un véritable attribut souverain, au moyen duquel il peut suspendre l'exécution de la loi et arrêter la volonté de la majorité parlementaire.

Ce sont évidemment deux prérogatives exorbitantes dont il n'est fait usage que dans les cas de grave conflit entre le Pouvoir et les Chambres. Généralement, les questions se règlent par une commune entente et de réciproques concessions. Mais, enfin, les choses peuvent être poussées, de part et d'autre, à l'extrême et, dès lors, on ne saurait contester au chef de l'Etat le droit de soumettre la question au seul juge devant qui tout doit s'incliner, au seul souverain de qui, dans un Etat libre, tout dépend, c'est-à-dire au pays réuni dans ses solennelles comices !

La théorie et la pratique se sont partout réunies pour sanctionner ces vérités qui sont l'essence des institutions parlementaires et la condition même de l'harmonie des pouvoirs. Mais, on ne peut se dissimuler que l'exercice de ces droits, très délicat et très difficile dans la plupart des circonstances, en mettant directement le chef de l'Etat en lutte avec la représentation nationale, fait peser sur lui une responsabilité personnelle très grave et, dans un pays aussi impressionnable que le notre, risque de provoquer des crises profondes et souvent d'irréparables révolutions.

C'est ici qu'il est indispensable de recourir à cet élément pondérateur qui n'a pu être créé, en effet, que pour maintenir l'équilibre entre les pouvoirs, chaque fois que leur antagonisme peut déranger le jeu régulier de la machine politique.

A notre avis, le droit de *veto* devrait être limité par l'autorité du Sénat et le droit de dissolution devrait s'exercer avec son concours.

Quand une loi est reconnue bonne, opportune et nécessaire par les représentants du pays, et que le pouvoir exécutif ne partage pas l'opinion de la majorité, il faut bien cependant arriver à un moyen pratique de résoudre la difficulté. On ne peut pas rester acculé dans une impasse. Qui doit céder, en définitive ? Un homme ou le pays ? Ainsi posée, la question se résout d'elle-même ! Un peuple, après tout, est maître de ses destinées et de ses intérêts. La volonté d'un seul, quelque sûre qu'on l'admette, ne peut pas dominer, sans tyrannie, la volonté de tous ? Le droit de *veto*, s'il pouvait paralyser absolument les droits de la majorité, aboutirait aux plus inextricables complications. Du moins ne pourraient-elles se dénouer que par la force brutale des *révolutions* ou par l'épée d'un César. Non ! le droit de *veto* ne peut être qu'un appel impartial à un examen plus approfondi des questions soulevées par une loi quelconque. Ce n'est qu'ainsi qu'il se justifie devant la raison.

Dans cet ordre d'idées, en effet, tout devient aussi simple que logique.

Le chef de l'État, frappé, à tort ou à raison, des inconvénients qu'une loi présente, soumet aux pouvoirs législatifs les objections qu'il y oppose. Un premier examen de ces objections se fait naturellement et sans difficulté, devant le Sénat, chargé d'examiner, au double point de vue constitutionnel et social, toutes les lois votées par la Chambre des députés. Si le Sénat adopte la loi, alois le droit de *veto* peut être mis en mouvement et consiste, de la part du pouvoir exécutif, à demander à l'une et à l'autre Chambre un nouvel examen ! Si cet examen aboutit de nouveau au vote de la loi, les pouvoirs souverains ont parlé ; l'exécutif n'a qu'à s'incliner devant la chose jugée, et tout est dit. Si, au contraire, le Sénat, modifiant son opinion première, rejette la loi, il y a chose jugée contre la première Chambre et celle-ci doit céder.

Mais, elle peut aussi s'obstiner dans sa résistance et le conflit prendre ainsi un caractère et des proportions beaucoup plus redoutables. Alors, il reste l'appel au pays, par la dissolution de la Chambre et par de nouvelles élections générales. Seulement, nous ne voudrions pas que le chef de l'Etat assumât seul, devant l'opinion, la responsabilité de cette mesure extrême et de l'agitation dangereuse dont elle risque toujours d'être le prétexte et l'occasion. Le Sénat, c'est-à-dire le pouvoir modérateur par excellence, devrait être associé à ce grand acte de la vie publique, et c'est avec son assentiment et son concours que la dissolution de la Chambre des députés devrait être prononcée. Moins passionné que le gouvernement, moins directement en jeu, il apprécierait froidement toutes les circonstances, arriverait souvent, par ses rapports avec la première Chambre, à des transactions honorables pour tous et ne se résoudrait à ce recours suprême que lorsque tous les moyens possibles de conciliation auraient été épuisés. Il est facile de comprendre quelle autorité donnerait alors au gouvernement devant l'opinion la haute intervention du Sénat! Il est facile de prévoir combien elle serait précieuse pour éclairer et pacifier l'esprit public, toujours si enclin à la passion et à la colère dans les conflits du pouvoir parlementaire et du pouvoir exécutif, dans les chocs inévitables de la liberté et de l'autorité. Le Sénat, issu lui aussi de l'élection nationale, conserve toujours un grand prestige et une légitime popularité de nature à enlever à un appel au pays tout ce qu'il a de dangereux et d'irritant lorsqu'il émane seulement du pouvoir personnel.

Il paraîtrait également nécessaire de maintenir, pendant la période des élections, c'est-à-dire pendant la vacance du pouvoir législatif, le Sénat en session extraordinaire, afin de garantir la situation contre des abus d'autorité devenus plus faciles en l'absence de tout contrôle constitutionnel et de pourvoir à tous les besoins que feraient naître les circonstances. C'est ainsi que la haute Assemblée exercerait, dans un double intérêt libéral et conservateur, ce rôle de contrepoids efficace qui est la grande et patriotique mission des membres éminents dont il doit être composé.

Avec de telles garanties, le pouvoir exécutif ne risque ni de devenir tyrannique ni de pouvoir lui-même être opprimé. Qu'il se nomme Roi ou Président, il a toutes les forces nécessaires pour faire pacifiquement triompher des idées justes et utiles, sans pouvoir jamais imposer sa volonté contre la volonte du pays, sans pouvoir transformer en une dictature omnipotente un mandat qu'il ne doit remplir qu'au nom du peuple et sous le contrôle de ceux qui en représentent la souveraineté.

XVI

LE CONSEIL D'ÉTAT

Complétons cette esquisse de l'ensemble des pouvoirs publics par quelques considérations sur le rôle également modérateur que peut y remplir le Conseil d'État, en l'investissant d'attributions plus larges que dans le système actuel.

Jusqu'à présent, on a surtout vu en lui une sorte d'auxiliaire du pouvoir exécutif élaborant les lois que l'initiative du gouvernement veut soumettre au pouvoir législatif, éclairant de ses avis l'administration supérieure et jugeant enfin, comme juridiction spéciale, les questions de droit administratif et certains conflits d'attribution. Généralement jusqu'à ces derniers temps, ses membres ont été nommés par l'État. C'était ainsi une grande commission consultative où, tout naturellement, le pouvoir ne faisait entrer que ceux sur le dévouement de qui il pouvait compter. De là, nécessairement, pour le Conseil d'État affaiblissement d'autorité morale vis-à-vis de l'opinion qui ne voyait en ses membres que des créatures du gouvernement; de là, suspicion plus ou moins fondée contre ses décisions en matière contentieuse, de la part des justiciables qui n'y trouvaient pas de suffisantes garanties d'indépendance et pour qui l'administration semblait, ainsi, juge et partie dans sa propre cause.

Aujourd'hui, le Conseil d'Etat est élu par l'Assemblée nationale et, par cela même, il offre à tous les intérêts des gages d'impartialité et de justice qui n'existaient pas autrefois. Il faut évidemment persister dans ce système, sauf à examiner, lorsqu'une seconde Chambre sera établie, si le choix des conseillers d'Etat doit être laissé à la Chambre des députés, ou conféré au Sénat, ou exercé par les deux Chambres à la fois. L'essentiel c'est d'enlever leur romination au pouvoir exécutif, afin d'en faire, en les élevant dans une haute sphère d'indépendance personnelle, les utiles coopérateurs du pouvoir législatif et les juges incorruptibles des grandes questions de droit public et de droit des gens.

La Constitution de 1852, écho de celle de l'an VIII, avait donné au Conseil d'État une importance exceptionnelle. Voulant arracher le gouvernement à un contact journalier et passionné avec les mandataires du pays, elle avait chargé le Conseil d'État de préparer et de soutenir devant le Corps législatif les lois qui y seraient présentées en son nom! Ce n'étaient plus les ministres qui portaient, devant le Corps législatif, la parole du gouvernement; ils devaient se consacrer sans partage à l'administration des affaires et, agents de l'État, n'étant responsables de leurs actes que vis-à-vis de lui, ils devaient rester ainsi en dehors de ces luttes de partis et de ces crises parlementaires qui font et défont soudain les cabinets constitutionnels. Ceci était possible et même logique dans le système autoritaire de 1852. Ce serait absolument inconciliable avec les doctrines essentielles du régime parlementaire, où le gouvernement doit être constamment devant les Chambres avec toute sa responsabilité et où la condition même de l'équilibre général réside dans l'accord permanent du ministère et de la majorité.

Mais, à défaut d'une intervention exclusive, il serait aussi utile qu'avantageux d'attribuer au Conseil d'État une beaucoup plus grande participation à l'élaboration et à la discussion des lois.

D'abord, il serait convenable de restreindre considérablement, à cet égard, l'initiative parlementaire. Rien n'est plus dangereux et plus absurde que la facilité avec laquelle on voit chaque député improviser, en quelque sorte, dans les questions les plus

ardues, tout un système de législation, ou boule-
verser, par une seconde proposition et par des
amendements hâtifs et mal étudiés, toute l'économie
d'une loi importante. On remarque avec raison beaucoup d'incohérence et de bizarrerie dans la plupart
des lois votées en ces dernières années! Cela tient
surtout à la façon vicieuse dont elles sont préparées
et débattues. Quelle que soit l'intelligence d'un député, il ne saurait être un homme universel et, à
coup sûr, pour la plupart de nos honorables, leur
éducation ne les a initiés à aucune des matières
spéciales sur lesquelles ils sont appelés à se prononcer. Les commissions parlementaires elles-mêmes,
composées un peu au hasard, n'ont sur les questions
qu'elles traitent, que des notions confuses et tout à
fait élémentaires. Les lois, ainsi fabriquées, sont
inévitablement incomplètes, contradictoires, pleines
d'obscurités, d'erreurs ou de difficultés pratiques, et
c'est à cette cause regrettable qu'il faut attribuer
surtout l'excessive mobilité de notre législation. On
ne tarde pas, en effet, à reconnaître, par l'expérience, les défauts de ce qui a été fait et il faut re-
commencer l'œuvre. De là aussi la multitude de nos
lois de toute nature qui étonne les esprits sérieux et
leur fait s'écrier, comme autrefois Tacite : *Quibus
modis ad hanc infinitam varietatem legum perventum
sit!*

Cela n'arriverait pas à coup sûr si les lois étaient
mieux étudiées; si leur élaboration se faisait dans
un milieu tranquille, à l'abri de ces agitations parlementaires qui absorbent l'esprit et le temps des
Assemblées politiques. L'indépendance du Conseil
d'État étant désormais bien assurée par le principe
même de son élection, on n'aperçoit aucune raison
plausible pour ne pas lui conférer d'une manière
générale cette calme préparation des lois de quelque
part qu'en vienne l'initiative. C'est à lui qu'il faudrait
désormais remettre, pour les examiner mûrement et
les combiner avec l'ensemble de notre droit écrit,
tous les projets de loi qui émaneraient, soit du gouvernement, soit de l'initiative parlementaire. Et, de
même, il paraîtrait juste et utile, suivant les circonstances, d'admettre des commissions du Conseil
d'État à venir soutenir devant les Chambres les projets acceptés par ce Conseil, ou exposer les raisons
qui les lui ont fait repousser. Ce serait décharger les
ministres d'une foule de questions accessoires qui les
obligent à être sans cesse sur la brèche, leur font
perdre beaucoup de temps et nuisent ainsi considérablement à la direction journalière des affaires
publiques. D'autre part, ce serait dégager souvent,
de la manière la plus opportune et la plus utile, la
responsabilité ministérielle compromise aujourd'hui,
à chaque instant, dans le vote ou le rejet de la

moindre proposition, en la réservant pour les cas graves où un véritable intérêt de gouvernement ou de parti peut être en jeu!

En élargissant ainsi le rôle parlementaire du Conseil d'État, nous croyons qu'il faudrait lui enlever sans réserve le contentieux administratif. Pourquoi des tribunaux exceptionnels lorsqu'il s'agit de l'interprétation et de l'application des lois? Est-ce que les tribunaux ordinaires ne sont pas capables de juger les questions administratives, comme toutes les questions civiles et pénales? Et quelles peuvent être les raisons ou la nécessité de cette étrange division du pouvoir judiciaire?

Mais ce que nous disons du contentieux administratif, nous ne l'appliquons pas à d'autres grandes questions de droit public pour lesquelles, au contraire, l'institution d'une juridiction spéciale et plus solennelle nous semble tout à fait justifiée.

Ainsi, si les idées que cette étude a pour but de développer étaient appliquées, nous avons vu que les empiétements des administrations locales, province, département ou commune, sur les droits de la puissance publique, et, réciproquement, les abus d'autorité du pouvoir, vis-à-vis de l'indépendance locale, devraient donner naissance à des conflits d'attributions qui pourraient être portés, en premier ou en dernier ressort, devant une juridiction supérieure.

Dans les questions graves et où un intérêt politique et social ou bien un grand principe organique peuvent être engagés, il nous a paru que le Sénat, gardien des garanties fondamentales de l'ordre public et de la constitution, devait être juge souverain du litige. Mais, il est une foule de questions moins considérables qui peuvent surgir, soit de province à province, soit de département à département, sur les limites respectives de leurs attributions, soit entre l'État et les administrations locales sur certains points spéciaux de finances, de travaux publics, d'enseignement, etc. Ces conflits, malgré leur caractère d'intérêt public, ne sauraient être élevés à la hauteur d'une question sociale et peuvent, dès lors, être jugés avec moins de solennité. C'est au Conseil d'État qu'on pourrait en réserver l'examen et la solution. Dans les conditions d'indépendance où il serait désormais constitué, il offrirait aux droits légitimes de tous les plus efficaces garanties.

Enfin, il conviendrait de lui attribuer également toutes les grandes questions de droit international, par exemple le règlement des prises, l'appréciation des traités dans tous les rapports qu'ils peuvent avoir avec les intérêts intérieurs, par exemple au point de vue de l'industrie, du commerce, de la propriété privée, etc. Mais, c'est là une affaire de classification sur laquelle nous ne saurions insister ici. Il suffit de

poser le principe même du rôle que nous entre-
voyons pour le Conseil d'État et qui consiste à l'associer plus étroitement à l'action du pouvoir législatif en le débarrassant, dans une juste mesure, de la
mission juridique qu'il ne remplit aujourd'hui ni
avec utilité ni avec autorité. Le reste n'est plus
qu'une question d'application.

XVII

VUES D'ENSEMBLE SUR LE MÉCANISME DES POUVOIRS

Résumons maintenant, et retraçons dans ses éléments essentiels la réforme générale que nous proposons pour combattre la maladie profonde que l'excès de la centralisation a engendrée parmi nous, et assurer l'équilibre des pouvoirs, sans lequel les institutions parlementaires ne sont qu'un vain mot.

Nous considérons le pouvoir exécutif comme le grand ministère public de la société; mais il n'est et ne doit être qu'un pouvoir délégué, appliquant et faisant respecter la loi, administrant au nom de la souveraineté nationale, maintenant l'ordre et la paix intérieure. Dans une Monarchie, il a l'étiquette du pouvoir suprême; mais l'hérédité ne peut pas changer la nature de son mandat. La véritable souveraineté est dans le peuple, et le fondement même de toute démocratie étant que le peuple reste toujours maître de ses destinées, le véritable souverain est la représentation nationale qui, seule, fait les lois et peut les imposer.

Mais, grâce à la centralisation qui a mis entre les mains du chef de l'État toutes les forces sociales, la pente sur laquelle le mandat exécutif va au pouvoir personnel est si facile et si rapide que, presque toujours, parmi nous, les Monarchies ont tendu ou tourné au césarisme, et les Républiques à la dictature. La première garantie, en faveur de la liberté, doit donc avoir pour but la limitation des forces dont le pouvoir exécutif peut se servir et abuser dans son intérêt personnel.

C'est pour cela que les Etats constitutionnels bien organisés ont placé le pouvoir exécutif en dehors des partis, et établi entre lui et les autres pouvoirs, comme un trait d'union sans doute, mais aussi comme un bouclier, un ministère qui, s'il le représente d'une part auprès des Chambres délibérantes, représente, d'autre part, la majorité parlementaire en qui réside la délégation directe de la souveraineté nationale.

Ce mécanisme, excellent partout, doit être maintenu parmi nous comme la première sauvegarde de la liberté contre les abus du pouvoir.

Mais l'état de nos mœurs, depuis si longtemps

façonnées au fétichisme de l'autorité, exige d'autres précautions. Grâce au nombre et à la manie des fonctions publiques, le gouvernement dispose en France d'une armée gigantesque d'employés de tous rangs et de tous grade, qui devient, quand on le veut, l'armée du despotisme. En enlevant au pouvoir central le droit exclusif de nomination dans la plus grande partie des cas ; en proposant de faire élire désormais les magistrats par leurs pairs, les officiers de l'armée par des commissions militaires, après une épreuve sérieuse de leur aptitude, les professeurs au concours ou par le choix des Universités ; les clergés des différents cultes par leurs autorités religieuses suivant les principes de leurs Eglises, nous ne brisons pas seulement l'arme dont tous les gouvernements se sont servis pour se faire des créatures et tenir plus aisément le pays tout entier dans leurs mains ; nous atteignons la centralisation dans ce qu'elle a de plus dangereux ; nous supprimons la mendicité officielle et nous relevons la dignité et l'autorité morale des fonctions publiques, en honorant ceux qui en sont investis et en élevant les caractères. Il reste néanmoins au pouvoir, par le droit de nomination des agents plus specialement administratifs : gouverneurs de province, préfets, maires, membres des parquets judiciaires, délégués auprès des grandes commissions d'examen, etc., etc., une part assez grande et assez influente pour qu'il n'ait pas lieu de s'en plaindre.

C'est là de la décentralisation dans l'acception la plus haute, la plus libérale, la plus efficace et la plus juste.

Mais la décentralisation n'est pas seulement nécessaire contre les abus du pouvoir, elle l'est bien plus encore contre les violences des partis. C'est pour ce double danger qu'il faut organiser de puissants contrepoids dans la machine politique. Le double frein, contre les entraînements du Pouvoir et les débordements de l'opinion, ne peut être que dans l'action d'une seconde Chambre, gardienne de l'ordre et de la liberté, de la Constitution et de la loi ! Ici, nous nous sommes placé sur un nouveau terrain ; nous avons été chercher l'élément créateur de cette Chambre conservatrice, en dehors des mobiles impulsions du suffrage universel, dans les intérêts permanents et traditionnels du pays.

La pensée originale et neuve de l'étude que nous poursuivons, est, sous une certaine forme appropriée à nos idées modernes, le rétablissement de la Province et l'émancipation, dans une juste mesure, des intérêts locaux qui lui servent de base. Que l'on veuille bien creuser cette proposition, on y trouvera la solution du problème. La Monarchie y puisera ces forces qui, autrefois, ont été si salutaires dans les moments de crise. La République y verra l'application du principe fédératif qui, seul, peut faire réussir le système républicain et qui seul, en effet, l'a fait réussir dans le monde, sans toutefois que l'unité nationale puisse jamais en être compromise !

Puis, nous rétablissons, dans des conditions nouvelles, une sorte de hiérarchie sociale de nature à suppléer à celle qu'a si violemment détruite le niveau fatal de la Révolution, en constituant une large classification de grands intérêts sociaux, travail, propriété, intelligence, justice, religion, armée, etc., et en assurant, par voie d'élection, à chacune de ces classes sociales, une représentation directe dans le sein du Sénat.

Voilà comment nous entendons l'œuvre de décentralisation. Ainsi conçue, c'est toute une grande réforme politique et morale, et notre but, en la formulant, n'a pas été seulement d'organiser, par la mise en activité des forces locales, un contrepoids nécessaire contre la puissance colossale du pouvoir central et l'asservissement du pays tout entier par sa capitale ; il a été surtout de placer désormais nos mœurs publiques dans une atmosphère épurée, où, affranchies de la suprématie énervante du pouvoir et des influences malsaines des partis, elles puissent se développer dans le sentiment et dans la noble pratique de cette initiative individuelle qui est la source même de la liberté !

Oui ! ce que nous avons cherché au-dessus de tout, c'est un moyen d'élever les âmes et de leur inspirer, avec la juste notion du droit, le respect absolu du devoir.

Il faut, sous peine d'être toujours gouvernés par quelqu'un, que nous prenions enfin la mâle habitude de nous gouverner nous-mêmes. Toutes nos révolutions ne nous ont malheureusement appris jusqu'à présent qu'à tendre plus docilement nos mains vers un sauveur quelconque et à courber nos fronts sous le joug. Relevons-nous ! Puisons, dans notre liberté et notre responsabilité, la confiance de notre mission d'hommes et de citoyens ! Soyons à nous-mêmes, avant d'être à un autre, et rappelons-nous bien que nous ne serons un peuple vraiment libre, que lorsque nous aurons enfin compris et pratiqué ce *self government* qui est l'apprentissage et l'initiation de la liberté politique.

Eh bien ! en demandant la réorganisation de ces grandes forces locales que la Province seule a conservées et exprime encore, nous sommes convaincus d'arrêter ce mouvement insensé d'émigration qui entasse péniblement et improductivement au centre tant d'hommes de valeur, tant d'intelligences d'élite ; nous sommes convaincus de fixer au sol natal ces populations de travailleurs utiles qui affluent aujourd'hui vers la capitale, se déclassent, se corrompent et se perdent dans ce foyer agité où toutes les passions et tous les appétits désordonnés se sont si monstrueusement concentrés. Nous sommes convaincus qu'agrandir le champ d'activité de la vie provinciale, reconstituer une certaine hiérarchie sociale dans toute l'étendue de la France, c'est donner la plus salutaire impulsion à l'éducation politique et, en stimulant partout les généreuses émulations, en assignant un but élevé et patriotique à tous les efforts, en relevant les citoyens à leurs propres yeux, en accroissant leur autorité et leur influence personnelle, c'est contribuer dignement au progrès de la civilisation, au bien être des masses et au triomphe définitif de l'esprit de liberté et de conservation sur l'esprit de révolution et de désordre !

XVIII

LE SUFFRAGE UNIVERSEL

Nous avons combattu le colosse de la centralisation, il nous faut attaquer maintenant le monstre du suffrage universel; oui, monstre terrible et insatiable, animé des instincts les plus sauvages et les plus destructifs, qui nous dévorera infailliblement si nous ne parvenons point à le désarmer, à l'adoucir et à le discipliner.

Est-ce possible? C'est difficile en tout cas, car le suffrage universel n'est autre chose que la passion de l'égalité, et, en France, on ne saurait toucher à cette idole sans soulever les plus redoutables émotions. Et puis, il ne faut pas l'oublier, c'est la pensée même du mouvement de 89, dont le but essentiel a été bien plus encore de proclamer l'égalité politique et sociale que de revendiquer la liberté. Le suffrage universel s'est enfin acclimaté chez nous par une

longue pratique. Il serait aussi téméraire de le supprimer que de le mutiler. La nécessité, plus impérieuse que la raison, nous condamne à l'accepter et
à le subir. Arrangeons-nous donc de manière à vivre
avec les périls dont il nous menace, à les conjurer et
à les rendre impuissants par les meilleurs moyens
possibles. Après tout, il en est de la vie politique
comme de la vie humaine. L'atmosphère où se dé-
veloppe notre existence terrestre est peuplée d'ennemis qui assaillent l'homme depuis sa naissance
jusqu'à sa mort. Ses jours ne sont qu'un long et rude
combat contre tous les dangers qui l'entourent dans
l'ordre physique comme dans l'ordre moral. Il marche, cependant, tant bien que mal au milieu des
écueils, sur le bord des abîmes, poursuivi, harrassé
par une lutte incessante; mais il marche, cependant,
il se défend, il se fortifie, et ce n'est pas sans admi-
ration que, par une loi providentielle, on voit l'humanité triomphant peu à peu de tous ces ennemis
contre elle conjurés, les déjouer, les combattre et les
vaincre tour à tour pour accomplir sa glorieuse ascension vers l'éternel progrès.

La société vit aussi dans une atmosphère sombre,
où mille obstacles formidables, mille passions im-
pures, mille problèmes ténébreux viennent arrêter
ses pas et troubler sa mission civilisatrice. Comme le
chevalier des antiques légendes, elle rencontre par-

tout sur sa route des démons et des monstres qui veulent l'empêcher d'atteindre le but merveilleux où elle tend. Il faut qu'elle s'arme noblement de patience et d'héroïsme pour surmonter tant d'épreuves toujours renaissantes. Qu'elle ne se laisse ni effrayer ni ébranler ! Qu'elle poursuive hardiment son œuvre de dévouement et de progrès ! La paix, la gloire et la liberté sont au bout !

Mais, hâtons-nous de descendre de ces régions lyriques. Le suffrage universel est incontestablement un péril social ; comment peut-on le rendre inoffensif, puisqu'il ne peut être question de le supprimer ?

Ceux qui, poussés par l'irrésistible logique des principes, l'ont déchaîné sur le monde, effrayés eux-mêmes de la suprématie absolue qu'ils allaient donner au nombre, c'est-à-dire à la force brutale, désordonnée et presque toujours inconsciente des masses, ont fait du moins des efforts pour y opposer des barrières et en atténuer les effets.

La Constitution de 1791 organisa, dans ce but, le suffrage à deux degrés, et, pendant toute la durée de la première République, c'est le système qui a été appliqué à toutes les élections populaires. Le suffrage universel nommait directement des électeurs primaires, qui, se réunissant ensuite, nommaient, à leur tour, les membres des Assemblées souveraines.

On avait espéré, par là, opposer une digue à ces violents entraînements de l'opinion qui obéissent à la passion du moment sans se préoccuper de l'avenir. On voulait donner ainsi aux choix définitifs des représentants du peuple plus de maturité, en les enlevant aux agitations fiévreuses des scrutins populaires pour les confier à l'appréciation plus calme d'une réunion de délégués.

Lorsqu'en 1848, on rétablit, tout d'un coup et sans transition, le suffrage universel, on ne parut même pas se souvenir des graves préoccupations qui avaient inspiré les législateurs de 1791. On institua le suffrage direct sans exception et sans garantie. La France n'était évidemment pas préparée pour cette innovation radicale. L'immense corps électoral mis tout à coup en mouvement, au moment même où on lui enlevait ses lisières et sans qu'il eut encore ni la force de marcher droit ni l'intelligence de se diriger lui-même, ne sut conserver ni son équilibre ni son sangfroid. Il erra, sans but et sans suite, tantôt à gauche, tantôt à droite, et ne répondit ni aux espérances de ceux qui l'avaient créé ni aux alarmes de ceux qui l'avaient subi. Non encore livré, d'ailleurs, à toute la fougue de sa nature, n'ayant même pas la conscience de sa force, habitué plutôt à être tenu en tutelle, il aboutit, au grand étonnement des uns et des autres, à cette Assemblée législative de 1849, où le parti réactionnaire et anti-démocratique fut en si grande majorité.

On crut l'occasion propice pour enchaîner et mutiler le monstre. La loi du 30 mai 1851 porta au principe du suffrage universel une atteinte profonde! On sait quel en fut le résultat! Elle donna au Prince, que le vote populaire avait porté par cinq millions de suffrages à la Présidence de la République et qui rêvait, dans l'ombre, le rétablissement de l'Empire, une force d'impulsion considérable. Il se sépara hautement des partis réactionnaires qui avaient fait la loi du 30 mai, et se posa devant le pays en défenseur dévoué du droit populaire. Son influence sur l'opinion devint ainsi prépondérante ; il sut s'en servir avec autant d'habileté que de puissance ; et l'on marcha rapidement à ce coup d'Etat du 2 Décembre qui, s'il perdit, pour un temps, la liberté, sauva cependant la France d'une révolution radicale bien autrement terrible, à coup sûr, que celle du 24 Février et que l'explosion effrayante du socialisme au 23 Juin.

C'est là une leçon qui prouve combien il serait périlleux et impolitique de toucher désormais au suffrage universel. La revendication des droits de l'égalité électorale devient fatalement le programme de toutes les ambitions qui veulent s'emparer du pouvoir, quand elle ne fanatise pas la multitude en provoquant et en justifiant même, à certains points de vue, les plus terribles insurrections !

On sait ce que l'Empire fit du suffrage universel, qu'il venait ainsi de restituer aux masses, en sortant violemment, comme le constatait la proclamation du 2 Décembre, « de la légalité pour rentrer dans le droit. » Il se garda de le restreindre, mais il le musela. Il fit vis-à-vis de lui ce que font les dompteurs dans les cirques. Il le mit en cage ; puis il accoutuma le terrible fauve à sa domination, l'assouplit à sa volonté, et finit par le dominer et à le manier à son caprice, et même à entrer dans sa cage sans crainte d'être dévoré. Il ne chercha ni à le combattre ni à le vaincre! Il l'asservit. Pendant vingt ans, en effet, grâce aux candidatures officielles et au vaste réseau d'influences administratives que la centralisation permettait d'exercer partout, nous avons vu le suffrage universel, apprivoisé en quelque sorte, doux et obéissant, envoyer au Corps législatif une majorité formidable en faveur du gouvernement; et, en 1870 encore, malgré les dispositions nouvelles et moins faciles du sentiment public, malgré l'action croissante des partis, nous assistons à un plébiscite solennel qui atteste, par plus de 5 millions de suffrages, la soumission du pays a l'Empire.

Mais, cette direction souveraine du suffrage universel, cet assujettissement de l'opinion à la volonté toute-puissante du chef de l'Etat, qui ont fait la force et la sécurité du régime impérial durant tant d'années, ne peuvent évidemment se concilier avec la liberté, la sincérité et la régularité des institutions parlementaires ; elles sont également incompatibles avec toute idée de décentralisation. Sous un gouvernement libre et pondéré, il faut chercher contre les inconvénients du vote populaire d'autres remèdes que cet abus patent et caché des influences officielles. Lesquels ?

Ce qui s'est passé depuis la chute de l'Empire a révélé, à nos regards surpris, le travail souterrain qui s'était fait, d'autre part, dans les rangs les plus nombreux du peuple, pour y annuler ou y contrebalancer l'action autoritaire du pouvoir. A côté du gouvernement légal s'était constitué, dans l'ombre, un autre gouvernement mystérieux, qui enveloppait, disciplinait et entraînait toutes les populations ouvrières. Une gigantesque association, qui s'était formée sous le prétexte apparent d'étudier et de résoudre tous les problèmes économiques du travail, mais qui, au fond, n'est qu'un formidable instrument de révolution et de démolition sociale, l'*Internationale*, en un mot, groupait, peu à peu, sous une impulsion remarquablement organisée et solidarisait, dans un but et un intérêt commun, non-seulement presque tous les ouvriers de notre pays, mais ceux de l'Europe entière et du Nouveau-Monde.

Les partis révolutionnaires n'ont pas tardé à comprendre la force que ce nouveau levier devait donner à leurs ambitions, et le pacte s'est bientôt établi entre les chefs de cette vaste association et les chefs de ces partis subversifs. Partout où un mouvement populaire a éclaté, apparaît, sans réserve, la main puissante de l'*Internationale*; elle est dans la chute de l'Empire; elle est dans les phases diverses, obscures et contradictoires du Gouvernement de la Défense nationale; elle préside aux horreurs de la Commune, comme elle préside bientôt aux troubles sanglants de l'Espagne. C'est elle qui, partout en Europe, organise les grèves, fanatise les ouvriers contre les patrons, le travail contre le capital, règle souverainement les conditions de la main-d'œuvre, impose à tous les travailleurs la loi suprême des résolutions qu'elle a prises, et entretient, sur tous les points à la fois, une agitation, une inquiétude, un état de guerre sourde dont elle espère faire sortir, à un moment donné, un bouleversement général. Mais elle exerce plus particulièrement son influence sur tous les scrutins populaires; elle choisit et patronne les candidats dont elle est sûre de faire ses agents et ses organes; elle cherche à peupler les Assemblées législatives de créatures dévouées, afin d'y faire triompher un jour le radicalisme légal. C'est elle qui a imaginé et imposé le mandat impératif qui fait de l'élu l'esclave machinal de ses électeurs; c'est elle qui inspire et dirige tout cet ensemble de faits anti-sociaux, anti-moraux, anti-religieux qui, altérant dans l'esprit du peuple tout sentiment de responsabilité, d'ordre, de devoir éternel, et le livrant à la loi féroce de ses appétits et de ses instincts, en fait le complice dévoué de la ténébreuse conspiration depuis longtemps préparée en silence pour la destruction radicale de l'édifice social tout entier.

Du gouvernement légal, le système des candidatures officielles est passé, sans réserve, à ce pouvoir occulte et irresponsable, et grâce à l'étonnante discipline qu'il est parvenu à établir à tous les degrés des partis révolutionnaires, quand il a prononcé, quand il a donné le mot d'ordre, il n'est personne qui n'obéisse aveuglément. Tous les électeurs enrégimentés marchent au scrutin comme un seul homme, et chacun, renouvelant la fameuse maxime de la Société de Jésus, est, entre les mains des chefs suprêmes qui gouvernent leurs corps et leur âme, *Perinde ac cadaver!*

Que faire contre cette organisation secrète et toute-puissante du suffrage universel par le socialisme militant? Que faire contre les naturelles effervescences des comices populaires?

Peut-être le plus efficace remède serait dans un complet retour au système de la Constitution de 1791.

Les élections primaires concentrées dans la commune auraient pour premier avantage d'arracher le suffrage universel, en le faisant agir par groupes peu considérables, à ces grands mouvements d'opinion et de parti qui l'agitent, le passionnent et le faussent toujours. A cette première épreuve électorale les choix se porteraient généralement sur des candidats habitant le pays, parfaitement connus de leurs concitoyens immédiats, et, dès lors, les influences locales prévaudraient sur les mots d'ordre venus du dehors. Puis, l'action de la décentralisation, telle que nous l'avons proposée, se faisant sentir, et les vieilles affinités provinciales s'éveillant de toutes parts, les électeurs du premier degré seraient certainement peu disposés à suivre passivement des impulsions étrangères, qu'elles vinssent du gouvernement ou des partis, et la majorité des suffrages consacrerait, de préférence à des candidatures importées, celles qui représenteraient fidèlement l'esprit et les vœux de la localité. On briserait ainsi la force du parti révolutionnaire, en morcelant son action à l'infini et en opposant l'indépendance des intérêts locaux à la centralisation dictatoriale qu'il a, à son tour, établie.

Les élections du second degré échapperaient, bien

plus sûrement encore, à cette direction suprême des partis qui mènent les masses. Ici, le petit nombre des électeurs, la gravité de leur mandat, leur responsabilité plus directement engagée, le calme relatif de leurs opérations, la difficulté d'exciter parmi eux les passions ardentes et confuses qui éclatent dans les comices populaires, donneraient au scrutin un caractère sérieux et pacifique, de nature à prévenir les entraînements et les dangers qui naissent de l'agitation des grandes masses.

C'était, nous le répétons, le sage système institué par ceux-là même qui ont été chez nous les pères de la démocratie moderne. Pourquoi ne pas y revenir ?

Si on organisait l'élection à deux degrés, il serait beaucoup moins important de chercher d'autres restrictions ou d'autres garanties contre les écarts, les erreurs et les menaces du suffrage universel; d'autant plus que, dans le plan de cette étude, la reconstitution des autonomies provinciale, départementale et municipale, serait elle-même une très grande force de résistance contre l'action irrégulière et désordonnée des partis. D'un autre côté, l'établissement d'un Sénat vraiment conservateur et modérateur enlèverait au produit du suffrage universel, c'est-à-dire à l'action de la Chambre des députés, la plupart des dangers qui sont à redouter dans le système d'une Chambre unique, Convention omnipotente, ayant tous les droits de la souveraineté.

Mais, si on maintient le suffrage direct, il importe du moins, tout en respectant le principe fondamental de l'égalité des citoyens, de le soumettre aux conditions nécessaires pour en assurer la liberté, la moralité et la sincérité.

La loi a décrété, sans que personne s'en soit jamais ni étonné ni offensé, une majorité civile avant laquelle l'homme n'est pas censé capable de gérer ses propres affaires ! Quoi de plus naturel d'établir aussi une majorité sociale avant laquelle le citoyen sera censé ne pas avoir encore l'expérience et la maturité qui peuvent éclairer sa conscience sur les intérêts supérieurs de la chose publique ? En fixant à 25 ans l'âge où tout Français peut exercer ses droits d'électeur, on resterait évidemment dans une sage limite ; d'autant plus que, d'après la nouvelle organisation militaire, ce n'est qu'a cet âge que le citoyen cesse son service effectif sous les drapeaux, et qu'il ne serait pas logique d'admettre que le soldat, obligé à une discipline rigoureuse, pût se mêler aux agitations et aux passions des partis.

La loi civile impose aussi à tout membre de la société l'obligation d'avoir un domicile fixe où puissent se régler tous les rapports, tous les droits et tous les devoirs qui le rattachent à ses semblables ou à l'Etat. Quoi de plus naturel que d'imposer également à tout

électeur un domicile politique, où il exercera ses
droits politiques? Le vagabondage est sévèrement
puni par le Code pénal ; pourquoi tolérerait-on davantage le vagabondage politique? Trois ans de ré-
sidence dans la même commune, constatés par des
moyens efficaces et rigoureux, semblent suffisants
pour solidariser l'électeur avec le pays où il vote
et écarter du scrutin cette population flottante de
bohêmes du travail qui, n'étant attachée au sol par
aucun lien, aucun souvenir, aucun intérêt sérieux,
est une proie facile et un auxiliaire complaisant
pour tous les fauteurs de désordre !

La loi civile a attaché des incapacités graves,
même dans le cercle de la vie de famille, à certaines
peines.qui atteignent, plus ou moins, l'honneur d'un
individu. Quoi de plus naturel que de priver aussi
de leurs droits politiques ceux dont la situation morale est atteinte par des condamnations pénales ou
par des circonstances exceptionnelles?

Ce sont là des considérations de bon sens, d'utilité
et d'honnêteté publique que nul esprit impartial ne
saurait critiquer. Sainement et résolûment mises en
pratique, elles auraient pour effet de diminuer nota-
blement le nombre, aujourd'hui exagéré, des électeurs actifs ; de localiser et, par conséquent, de rendre plus sérieuse et plus pacifique l'action du suffrage universel ; enfin de le moraliser en l'épurant,

sans cependant qu'aucune de ces utiles réformes en altère le principe ou en restreigne les droits essentiels.

C'est, à notre avis, tout ce qu'on peut faire vis-à-vis de l'électeur. Aller plus loin, c'est refaire la loi du 30 mai; c'est toucher à l'égalité des personnes; c'est déchaîner les tempêtes.

Mais on doit aussi entourer le vote de certaines garanties qui ont été négligées jusqu'à présent.

Il y a des vérités tellement palpables qu'on peut les considérer comme des axiomes et qu'on est stupéfait de les voir méconnaître et écarter quelquefois dédaigneusement par les esprits les plus sérieux.

Quand on dit, dans l'ordre civil, qu'il est indispensable que le mandataire ait la confiance absolue du mandant, qu'il soit connu de lui, librement choisi, au lieu d'être imposé par une volonté étrangère, il semble que ce soient les vérités les plus simples et les plus élémentaires. Pourquoi n'en est-il plus ainsi dès que nous abordons l'ordre politique? Les élections se font, en France, au scrutin de liste, c'est-à-dire par un procédé abusif, arbitraire, exorbitant, qui enlève de fait à l'élection toute conscience et toute indépendance de ses votes, pour l'enfermer étroitement dans une discipline de parti pris, aussi fatale pour la liberté que pour la dignité de l'électeur (1). Que le scrutin de liste soit l'arme des révolutionnaires, on le voit bien chaque fois que le désordre les amène au pouvoir. C'est la première chose qu'ils proclament, afin de mieux imposer à leur armée électorale les choix dont ils ont besoin ; mais que ce puisse être un système normal, dans un gouvernement libre et parlementaire, c'est ce qu'il est impossible de concevoir. La raison, la moralité du scrutin veulent que chaque circonscription, indépendante de celles qui l'entourent, élise le représentant qui lui plaît, et ne soit pas obligée de voter aveuglément pour celui du voisin. Chacun pour soi, chacun chez soi ! C'est aussi la meilleure garantie pour la liberté du suffrage, et l'autonomie électorale n'est pas moins indispensable que l'autonomie administrative.

Donc, tout exige qu'on revienne à l'unité du scrutin, chaque circonscription, établie sur le chiffre rationnel des populations et la similitude de leurs intérêts, devant nommer un seul député et ne pas égarer et passionner ses votes sur des candidats qu'elle ne

---

(1) Nous avons admis le scrutin de liste pour l'élection des membres du Sénat, des conseils provinciaux, départementaux et municipaux. Nous en avons exposé les raison Mais ici nous sommes dans les régions les plus orageuses du suffrage universel, et il n'y a pas contradiction a y chercher d'autres conditions et d'autres garanties.

connaît point, qui lui sont étrangers, et qui ne l'intéressent sous aucun rapport.

Maintenant, n'est-il pas également indispensable que l'élu soit sérieusement initié aux vœux et aux besoins des populations qui l'ont nommé ; qu'il sache, non pas seulement ce qui concerne les grands intérêts de la chose publique, mais aussi et surtout ceux du pays dont il est le représentant direct? Dès lors, quoi de plus légitime que d'exiger de tout candidat qu'il ait lui-même des intérêts sérieux de famille, de propriété, de travail ou d'industrie dans la circonscription où il sollicite les suffrages de ses concitoyens? Il importe que ceux-ci sachent bien qui il est, ce qu'il veut, ce qu'il peut, et qu'à son tour il connaisse bien ceux qui le nomment.

On dit qu'un député est bien plus le représentant de la France que de la localité qui l'a élu. C'est vrai quant au mandat qu'il a à remplir; ce n'est pas vrai quant à l'origine de ce mandat. Siégeant dans les Assemblées législatives parmi tous les autres représentants des diverses circonscriptions, il aura, sans doute, à examiner et à débattre toutes les grandes questions qui concernent la fortune, la sûreté, la prospérité, l'honneur de la patrie commune ; mais, pour que la décision prise exprime fidèlement le sentiment de la France entière, ne faut-il pas que chaque nuance des idées et des intérêts locaux s'y manifeste et s'y combine dans l'harmonie de l'ensemble ? Ceci ne souffrira aucun doute, si nous nous plaçons, par exemple, sur le terrain économique. Personne ne nous contredira, si nous disons que, dans une grande discussion commerciale, les représentants de Marseille et du Havre ; dans une grande discussion industrielle, les députés de Lyon, de Lille, de Rouen, etc., doivent exposer, et dès lors, bien connaître les intérêts spéciaux de ces centres considérables, afin de les concilier avec les intérêts généraux. Pourquoi en serait-il autrement dans toute autre question morale, sociale ou politique? Exiger d'un candidat qu'il soit rattaché naturellement à la circonscription qu'il aspire à représenter, est une condition que tout justifie.

En même temps, c'est une garantie contre ces candidatures exotiques, qui sont la tyrannie des consciences par les partis ; c'est surtout un préservatif contre ce qu'on a appelé, avec raison, les candidatures plébiscitaires, qui sont les plus grands périls de la liberté !

L'expérience devrait nous avoir, depuis longtemps, dégoûtés de la manie des sauveurs ! Nous ne sommes que trop enclins à nous jeter aveuglément dans les bras d'un maître, au lieu de compter avant tout sur nous-mêmes pour nous conduire et nous défendre. Eh bien ! ne nous exposons pas encore à tomber dans de telles erreurs. Prenons des précautions contre nos propres défaillances, et mettons des obstacles à notre fétichisme irréfléchi pour ces hommes providentiels que nous portons au pouvoir par des millions de suffrages, vers qui nous tendons nos bras et nos cœurs, comme vers des divinités, pour les renverser ensuite aussitôt que nous apparaissent un autre sauveur et une nouvelle idole. Ces garanties contre nous-mêmes, c'est la suppression des candidatures plébiscitaires. Si chaque circonscription ne peut choisir qu'un candidat, y ayant des propriétés ou son domicile, ou y payant des contributions publiques, on n'aura plus à craindre ces entraînements soudains de l'opinion qui, élevant tout d'un coup un nom et une individualité au-dessus de tous les autres, sont les causes les plus directes de toutes les dictatures.

Rien d'autre part ne serait plus logique que d'établir une majorité politique pour l'élu, comme on en établit une pour l'électeur. Si l'exercice du droit électoral exige une certaine maturité intellectuelle, cette nécessité est bien plus évidente encore pour l'exercice du mandat législatif. Il semble convenable de fixer à 30 ans l'âge avant lequel aucun candidat ne pourra être nommé député.

Enfin, tout le monde est d'accord qu'il existe de profondes incompatibilités entre certaines fonctions salariées et la haute mission de représentant du peuple. Les officiers en activité de service, à cause de leurs devoirs de discipline militaire, les employés directs de l'administration, nécessairement subordonnés à leurs chefs hiérarchiques, doivent naturellement être déclarés inéligibles. Toutefois, si l'on adoptait nos idées sur la décentralisation des fonctions, et si on enlevait au pouvoir, pour les conférer par voie d'élection et de concours, les choix des magistrats, des professeurs, etc., l'indépendance de ces hauts fonctionnaires étant à l'abri de tout soupçon, on pourrait beaucoup moins étendre le cercle des incompatibilités et ne pas priver les grandes assemblées des lumières précieuses que tant d'aptitudes spéciales peuvent apporter dans la discussion des lois.

Au reste, on a vu d'autre part qu'en organisant les intérêts fondamentaux de l'ordre social et en leur donnant une représentation directe dans le Sénat, on assurerait à la puissance législative, dans toutes les directions de l'esprit humain, le concours de brillantes spécialités. Par leurs mandataires immédiats, l'armée, la magistrature, la religion, les sciences, les arts, le commerce, l'industrie, le monde financier et économique, le capital et le travail, feraient entendre, dans toutes les occasions opportunes, la voix de leur expérience, de leurs besoins et de leurs vœux, et cette voix autorisée, mêlée aux graves délibérations de l'Assemblée conservatrice, retentirait avec une légitime influence dans la sphère des pouvoirs publics et dirigerait l'opinion en l'éclairant.

Evidemment, dans tout ce qui précède, il n'y a rien qui touche au principe et à l'essence du suffrage universel, rien dont la démocratie la plus jalouse puisse s'émouvoir ni s'inquiéter. Il ne s'agit pas de détruire ni de restreindre cette égalité absolue qui est la base même du nouvel ordre social ; il ne s'agit que d'en régler la pratique, de manière à ce que le suffrage universel, au lieu d'être comme aujourd'hui, un instrument de destruction entre les mains des partis, soit une force sociale également utile pour le développement de la liberté et le progrès des mœurs. On ne comprendrait pas que sur une question ainsi posée, il pût y avoir deux opinions parmi tous les gens honorables et tous les bons citoyens !

XIX

LE SOCIALISME — LES CHAMBRES DU TRAVAIL

Avons-nous conjuré tous les périls auxquels sont
exposés les gouvernements et les peuples libres en ré-
gularisant le jeu et l'équilibre des rouages politiques,
en enlevant, par une sage décentralisation, au pouvoir
un moyen de tyrannie, aux partis un moyen de bouleversement, en disciplinant enfin et en moralisant,
autant que posssible, le suffrage universel? Non, en
dehors du mécanisme des pouvoirs et de l'exercice
des droits civiques, il existe, nõn pas seulement dans
notre société, mais même dans toutes les sociétés et
dans tous les temps, un autre ennemi implacable de
la liberté, parce qu'il est l'irréconciliable ennemi de
l'ordre! Cet ennemi se nomme aujourd'hui le socialisme, mais il est contemporain de la naissance même
de l'humanité. On le retrouve à toutes les époques,
dans tous les pays et sous tous les régimes, toujours

le même, toujours poursuivant le même but, toujours l'auxiliaire de ceux qui rêvent le renversement des empires et le bouleversement de l'état social.

Le principal danger du socialisme, c'est que, comme toutes les erreurs monstrueuses qui passionnent et entraînent les hommes, il repose sur certaines vérités matérielles qui lui donnent, aux yeux de ceux qui s'y laissent prendre, l'apparence d'une grande doctrine de justice et de raison. Il en est de cette lamen table utopie comme de toutes les autres; elle a des aspects séduisants, des demi-vérités qui ont souvent fait illusion à des esprits sérieux et qui, à plus forte raison, troublent, parmi les masses, toutes les idées saines et droites.

Le mal existe sur la terre. C'est la sombre vérité que nous enseigne, dès le début de la vie, l'expérience de chaque jour. Il y a des êtres, en quelque sorte déshérités de Dieu, qui souffrent jusqu'à l'heure de leur mort; il y a des familles, il y a des populations entières dont la douleur, les privations, la misère semblent être le lot éternel. Il y en a qui, pareilles à ces damnés de l'antique Erèbe, portent sans cesse des fardeaux et de lourds rochers qui leur retombent toujours sur le corps et les rejettent brusquement au bas du mont abrupte dont ils s'obstinent à tenter l'ascension sans jamais pouvoir en atteindre le sommet.

A côté de ceux-là, il y en a cependant d'autres qui, plus heureux, ou plus habiles ou plus favorisés du Ciel, trouvent largement autour d'eux de quoi satisfaire à tous les besoins de leur existence et gravissent d'un pas tranquille et sûr les cimes lumineuses, tandis que les autres travaillent, gémissent et s'épuisent au fond des noirs abîmes et dans les profondeurs des obscures vallées.

Pourquoi cette différence dans le sort des mortels, tous créatures de Dieu, tous égaux dans la naissance et dans la mort? Pourquoi ces inégalités dans la vie? Est-ce compréhensible? Est-ce juste?

La religion, qui enseigne la résignation et la patience, et pour qui le passage en ce monde inférieur n'est qu'une minute de l'éternité, répond que la vie même est une expiation; que le corps est la prison de l'âme; que nous souffrons tous ici-bas, punis pour une faute originelle dont le repentir et la vertu peuvent seuls effacer la souillure; que Dieu, dans sa justice, a mesuré à chacun la part de souffrance qu'il doit supporter; qu'il faut accepter avec humilité l'épreuve à laquelle nous sommes condamnés et qui nous épure et nous élève; qu'enfin, au delà de cette existence d'un jour, il y a des trésors de béatitude éternelle où tous recevront le prix de leurs œuvres et de leurs mérites, tous égaux désormais et immortels devant Dieu.

La philosophie répond, de son côté, que l'être créé étant nécessairement imparfait, car autrement il serait Dieu lui-même, le mal est une loi de la création. L'infinie diversité des êtres, des intelligences, des aptitudes, aux prises avec l'infinie variété des maux qui, de toute part ici-bas, assaillent la nature humaine, a pour conséquence fatale et inévitable l'inégalité des conditions. Il y a les forts, les faibles, les habiles, les maladroits, les laborieux, les paresseux, mille causes directes ou indirectes du bonheur ou du malheur des hommes. C'est la loi de la nature, il faut s'y soumettre, et c'est à chacun à se garantir de son mieux des dangers qui l'entourent et à profiter, autant que possible, des conditions favorables qui peuvent naître sous ses pas. Cette situation naturelle des êtres créés, la société a sans doute dû chercher à l'améliorer ; mais elle n'a jamais pu et elle ne pourra jamais la faire disparaître. Pour établir l'égalité dans les conditions, il faudrait l'établir d'abord dans la nature physique et morale, ce qui est impossible. Il faut donc subir l'ordre naturel, tel que l'a établi le Créateur, tout en s'efforçant d'en atténuer les souffrances par de sages mesures de prévoyance, d'assistance et de fraternité.

Mais le socialisme ne se contente ni des conseils de résignation que la religion donne à ceux qui souffrent, ni des vérités que la philosophie proclame

pour expliquer la nécessité et la permanence du mal
en ce monde ! Irrité de voir le plus grand nombre
contraint, pour vivre, à un travail de chaque jour,
refusant de croire que les inégalités sociales sont
l'irrésistible effet des inégalités naturelles, c'est à la
société tout entière qu'il en demande compte, c'est
la société tout entière qu'il accuse d'avoir réduit
les masses à l'état d'ilotes, au profit exclusif de quelques privilégiés de la fortune et du bonheur ! Et les
masses, qui souffrent sans pouvoir s'élever assez haut
pour comprendre la cause de leurs douleurs, accla-
ment, comme des libérateurs et des vengeurs, ceux
qui flattent ces passions instinctives et s'en servent
dans un but personnel de popularité ou d'ambition.

Depuis que le monde existe, c'est avec ce levier
que l'on a toujours poussé la multitude à l'insurrection contre les lois humaines et les lois divines. On a
dit au peuple qu'il était opprimé, exploité, asservi
par quelques-uns, et on l'a déchaîné contre ses pré-
tendus tyrans en lui promettant, sur les ruines de
leur despotisme, la reconstruction d'une cité nouvelle où tous trouveraient, sans peine et sans fatigue,
la large satisfaction de tous leurs besoins et où l'égalité absolue régnerait sans réserve. C'est l'histoire de
tous les fauteurs de révolutions. Ils ont semé la haine
farouche entre toutes les classes de la société ; ils ont
fanatisé les pauvres contre les riches, ceux qui ne

possèdent pas contre ceux qui possèdent, ceux qui
travaillent contre ceux qui font travailler, ceux qui
produisent contre ceux qui consomment, ceux qui
sont gouvernés contre ceux qui gouvernent; ils ont
soulevé l'instinct bestial de la multitude contre les
barrières salutaires de la loi, contre les digues de la
loi morale et religieuse, la créature contre le créateur. Il ont dit à la propriété : « Tu es le vol ! » A la
famille : « Tu es une violation de la loi naturelle ! »
A la religion : « Tu es le mensonge ! » A Dieu : « Tu
es le mal ! » Ils ont nié la responsabilité morale dans
ce monde et au delà de ce monde ! N'ayant que des
appétits matériels, ils ont limité la destinée de l'être
aux choses d'ici-bas et ont intronisé les doctrines du
matérialisme le plus effréné. Toutes ces idées monstrueuses ont souri à la foule, qui voyait dans leur
triomphe, le triomphe même de ses séculaires aspirations: et depuis les temps les plus reculés jusqu'à
nos jours, acceptant aveuglément toutes ces utopies,
elle marche docilement, à la suite de quelques ambitions ou de quelques rêveurs, au renversement de
l'ordre social !

Pauvres fous, que la passion aveugle et égare ! Si
ces foules moutonnières, si promptes à saisir, comme
des réalités, les espérances décevantes par l'appât
desquels on les entraîne, réfléchissaient un peu au
sort qu'ont eu successivement tous ces beaux pro-

grammes de rénovation universelle ! Si elles interro-
geaient sincèrement leurs propres souvenirs et les
autres leçons de l'histoire ! Que verraient-elles? Ces
grands réformateurs de la veille, comment ont-ils
tenu le lendemain leurs splendides promesses?
Qu'ont-ils fait lorsque l'effort colossal des multitudes
les a, à leur tour, portés au pouvoir? Comment ont-
ils modifié cette société, qu'ils présentaient aux peuples comme la source de tous leurs maux? Hélas!
ils se sont arrêtés, eux aussi, devant la nécessité des
choses, plus forte que toutes les utopies. La machine
sociale, organisée par une main divine dont nul ne
saurait égaler ni contrarier la toute-puissance, a
continué à fonctionner, comme auparavant, avec
les lois providentielles qui la constituent et dans la
voie où elle se meut depuis l'origine des siècles!
Comment tant de déceptions n'ont-elles pas éclairé
les peuples sur l'immuabilité de cet ordre social,
contre lequel ils s'insurgent sans cesse, et sur la
vanité des réformes empiriques dont on berce leur
imagination? Mais non, ils sont de glace aux vérités
de l'expérience ; ils sont de feu pour les mensonges
de l'utopie, et, après tant de siècles écoulés, nous
retrouvons le socialisme aussi vivace, aussi menaçant qu'aux premiers jours de l'histoire des nations !

Or, avec la pratique du suffrage universel, il est facile de comprendre les périls que cette doctrine de

démolition sociale, par les haines qu'elle excite, les
espérances qu'elle fait naître et les passions qu'elle
enflamme, fait courir à la fois à l'ordre et à la liberté.
L'*Internationale*, qui, depuis quelques années, a pris
la tête de cette nouvelle croisade du communisme,
a puissamment discipliné les troupes qu'elle mène
partout au combat, contre tous les pouvoirs et toutes
les institutions. Les démocraties, grâce aux principes du vote populaire, lui offrent un champ de bataille plus facile et plus sûr que partout ailleurs, et
son influence s'y exerce de la manière la plus active
et la plus grave.

Que faire contre ce danger? User de rigueur et
considérer tous les affiliés de la grande secte socia-
liste comme des ennemis dont le droit de légitime défense permet de se débarrasser par tous les moyens,
per fas et nefas? Certes, on ne saurait contester à
l'ordre social menacé cette suprême sauvegarde !
Mais, le socialisme est comme l'hydre de Lerne, dont
parle la fable ; ses têtes repoussent à mesure qu'on
les coupe et, comme il n'y a pas d'Hercule qui puisse
les trancher toutes à la fois, le monstre est toujours
aussi armé et aussi terrible. La loi pénale peut atteindre les individus, elle n'agit pas sur le principe même
du mal. Aussi, malgré les efforts répressifs tentés
à toutes les époques, le socialisme reste indestruc-
tible dans son hostilité séculaire, et trouve autant,

plus peut-être , d'adeptes aujourd'hui qu'autrefois.

Comme tant d'autres périls sociaux, c'est malheureusement un mal organique qui subsistera jusqu'à la fin des temps, parce que la cause, inhérente à la nature même du genre humain, sera éternelle comme elle. Là aussi, il faut s'accoutumer à vivre avec l'ennemi et le rendre aussi inoffensif que possible ; mais espérer le chasser et l'anéantir ! Ce n'est autre chose qu'une chimère.

La seule conduite possible, c'est de tâcher de lui enlever ses armes les plus redoutables. Au lieu de s'opposer aux flots d'un torrent déchaîné qui briserait tous les obstacles, il faut s'efforcer d'en régulariser le cours et de le calmer en l'endiguant.

Les armes vraiment dangereuses du socialisme sont, d'un côté, les souffrances très réelles et souvent très injustes des populations ouvrières ; de l'autre, l'ignorance des masses.

Le premier devoir du législateur est de s'emparer lui-même, pour les mettre sincèrement en pratique, de toutes les idées justes que les meneurs de la multitude exploitent habilement contre la société. Il y a, dans les revendications des classes laborieuses, bien des questions graves qui méritent un examen attentif; il y a dans les rapports du capital et du travail, bien des problèmes considérables susceptibles d'être résolus dans un autre sens que celui qui a prévalu jusqu'à nos jours. Il y a, dans les conditions du salariat, des erreurs et des injustices qu'il n'est pas impossible de redresser et de faire disparaître. Il y a enfin, dans les désolantes régions du paupérisme, bien des maux, qu'avec un peu plus de soin et de bonne volonté, on pourrait soulager et peut-être guérir. Il n'entre pas dans le cadre de cette étude d'approfondir toutes ces questions de réforme sociale ; nous ne parlons ici du socialisme que dans ses rapports avec l'équilibre politique des Etats ; mais, tout homme sensé reconnaîtra sans peine que le progrès même des institutions et des mœurs a posé, sur ce point, au législateur, des questions du plus haut intérêt qu'il est tenu désormais d'apprécier et de résoudre. Eh bien ! en accordant sans hesiter tout ce qui est sage, vrai et pratique ; en prenant lui-même l'initiative de toutes les mesures qui peuvent améliorer le sort du plus grand nombre, il enlèvera au socialisme toutes les idées justes, qui font sa force, pour ne lui laisser que ses utopies, qui tomberont, tôt ou tard, devant les progrès de la raison publique.

Cela fait, il faut combattre avec acharnement l'ignorance qui est, dans le peuple, le plus sûr auxiliaire des entreprises socialistes. Si l'ouvrier était plus éclairé, il comprendrait mieux tout ce qu'ont d'irréalisable les systèmes extravagants dont on nourrit ses passions et ses haines. Il saurait, qu'au-dessus de

ses désirs et de ses besoins, l'état du travail est souverainement régi par cette loi naturelle de la production et de la consommation que nul ne peut ni éviter
ni fausser, sans altérer et arrêter le travail dans son
principe même ; il saurait que, loin d'être opposés et
en lutte, les intérêts du capital et du travail, du pa-
tron et de l'ouvrier, sont, au contraire, absolument identiques et solidaires, et que tout ce qui nuit
à l'un nuit infailliblement à l'autre ; il saurait, enfin,
que les conditions de la production n'ont rien d'arbitraire ; que ni la volonté de celui qui travaille ni la
volonté de celui qui échange n'y peuvent rien, et
qu'elles se règlent d'elles-mêmes, comme le niveau
de la mer, par la loi naturelle de l'offre et de la demande, non-seulement sur le marché national, mais
sur le marché universel. Ces vérités élémentaires
pénétreraient, peu à peu, l'esprit des masses et com-
battraient avec succès les rêveries des réformateurs
abstraits, si une saine et forte éducation les généra-
lisait parmi le peuple. Nous ne nous sommes pas assez préoccupés encore de l'instruction populaire au
point de vue des problèmes sociaux que l'esprit de
parti agite sans cesse parmi les masses et qu'elles
n'envisagent jamais qu'au point de vue de leurs instincts et non à la clarté du bon sens ! Il importe de
ne pas négliger plus longtemps ce moyen d'action,
qui est une des principales forces de la défense so-

ciale et d'opposer partout la propagande des notions saines et vraies à la propagande des passions subversives.

Instruire, c'est moraliser; moraliser, c'est pacifier !

Mais nous ne bornons pas à ces effets sociaux l'œuvre défensive de l'ordre social. Nous avons dit qu'impuissants à résister au torrent, il fallait le contenir et le diriger.

La rigueur des lois pénales n'a laissé au socialisme militant que la ressource des Sociétés secrètes, bien autrement dangereuse que ses manifestations publiques ! Ici encore l'histoire atteste l'impuissance des lois répressives ! On a eu beau édicter des peines contre les membres de ces mystérieuses affiliations, loin d'en diminuer le nombre, on l'a peut-être accru ! En tout cas, on n'a jamais rien empêché. Le mal a persisté à travers les siècles et a déjoué tout ce qu'on a fait pour le combattre. Pas plus qu'auparavant, on ne parviendra à supprimer cet instinct, qui entraîne tous les sectaires à se réunir dans l'ombre, lorsque la loi leur interdit la lumière du jour !

Dès lors, pourquoi ne pas régulariser et peut-être atténuer ce péril social en le tolérant? Le socialisme se plaint que ses légitimes réclamations ne sont pas entendues; donnons-lui un tribunal où, sous les yeux de tous et avec l'inévitable modération qu'impose la responsabilité devant l'opinion, il ait le droit d'exposer ses idées et de formuler ses demandes. Il existe, pour cela, un système simple et pratique, qui a déjà été adopté pour la plupart des grands intérêts sociaux, pour l'agriculture, pour le commerce notamment, et que l'on peut, sans difficulté, appliquer au travail.

De même qu'on a créé des Chambres d'agriculture et des Chambres de commerce, chargées d'étudier toutes les questions qui se rattachent à la production agricole et à l'échange des produits, pourquoi ne créerait on pas des Chambres de travail ? Représentant, au moyen de certaines garanties d'élection, les populations ouvrières, elles en étudieraient tous les intérêts et soumettraient ensuite aux pouvoirs publics leurs délibérations et leurs vœux, qui seraient comme les cahiers des classes laborieuses auprès des Etats généraux de la société !

Lors de l'Exposition universelle de 1867, on a fait, il est vrai à un point de vue restreint, un essai de ce système, et il suffit de parcourir les rapports qui en sont résultés pour comprendre l'influence pacifique qu'il a exercée et les idées justes et fécondes qui en peuvent sortir.

Pour faire élire les membres des Chambres du travail, on pourrait diviser les ouvriers en corps d'état, dont chacun nommerait ses représentants spéciaux.

Par là, sans retourner au système des maîtrises et jurandes, aboli par la Révolution, on établirait cette classification professionnelle, qui, en solidarisant les ouvriers d'une même industrie, les disciplinait et les moralisait à la fois. On réveillerait l'esprit de corps, qui est, lui aussi, une grande force sociale et qui a été, sous l'ancien régime, un précieux élément de l'ordre public.

Nous esquissons ici un programme plutôt que nous ne pouvons le développer. Ce qui précède suffit pour expliquer notre pensée. Le socialisme ne peut être détruit ; il faut le subir et empêcher, autant que possible, qu'il exerce sur notre situation, en ayant le suffrage universel pour instrument et pour complice, une action fatale. Toute notre pensée, dans ce but, se résume en ces termes bien simples : le rendre inoffensif en lui accordant tout ce qui est juste et pratique ; combattre ses utopies en éclairant les masses ; lui enlever son mystère et ses ténébreux procédés en organisant la représentation officielle et légale des populations ouvrières !

CONCLUSION

L'œuvre du législateur, comme celle du philo-
sophe, ne peut être que de poser des principes
supérieurs et d'établir les règles et les rouages par
lesquels la société et l'humanité doivent se mouvoir; mais, c'est ensuite à ceux que ces règles salutaires concernent à les mettre en pratique et à
seconder, par les nobles efforts de la liberté, la
mission élevée de ceux qui leur parlent au nom de
l'ordre, de la loi et de la morale universelle. Ce qu'il
faut surtout à la pratique des institutions, c'est
l'appui des mœurs. Un peuple ne peut jamais avoir
que le gouvernement qu'il mérite. S'il n'est pas mûr
pour la liberté ou s'il ne possède pas les qualités
viriles qu'elle exige, on aura beau lui donner toutes
les belles et sages lois des nations libres, il les dé-
daignera faute de les comprendre, il les faussera

faute de savoir s'en servir, ou il les rejettera violemment faute d'en vouloir subir les grands et difficiles devoirs. C'est malheureusement ce qui nous est arrivé jusqu'à ce jour!

Toutes nos révolutions ont été des revendications bruyantes en faveur de la liberté! Mais, qui de nous a jamais su exactement ce que c'est que la liberté et qui la conçoit de la même façon? Pour les uns, c'est le droit de tout faire; pour les autres, c'est le droit de ne rien faire; pour tous, c'est un moyen de s'emparer du pouvoir et d'imposer au pays tout entier, qu'il le veuille ou non, la dictature d'un parti ou d'un homme! Tous les partis, sur ce point, sont d'accord. Le peuple leur paraît toujours suffisamment libre lorsqu'ils ont pu prendre le gouvernement d'assaut et se mettre à la place de ceux qu'ils ont renversés. La seule liberté qu'ils prétendent conquérir, c'est la leur propre, ils se soucient fort peu de celle des autres; pourvu qu'ils puissent faire sans obstacle tout ce qu'ils veulent, le reste leur importe peu. C'est ce qui explique comment, dans toutes nos vicissitudes politiques, nous n'avons jamais fait que changer de maître, sans qu'aucun progrès se soit réalisé ni dans nos institutions ni dans nos mœurs.

Non, la liberté ne peut pas être ainsi plus longtemps le triomphe d'un parti sur les autres ni d'un dictateur sur tous. La liberté n'est pas un vain mot

destiné à être sans cesse le cri de toutes les émeutes
et le drapeau de toutes les révolutions. C'est un fruit
de l'ordre et de la moralité publique à qui il faut,
pour mûrir, à la fois une culture attentive et pa-
tiente et une atmosphère paisible et salubre. Ce
fruit, nous voulons toujours, dans notre impatience,
le cueillir et le dévorer avant qu'il soit mûr; souvent même, pour le saisir plus vite, nous coupons au
pied l'arbre qui le porte et que de temps alors il faut
attendre avant que l'arbre mutilé ait de nouveau
grandi et poussé des branches fécondes!

L'expérience doit enfin nous ouvrir les yeux. Il
n'y a pas de liberté possible sans le sentiment du
devoir et de la responsabilité, qui est la loi morale,
sans le respect de l'ordre, qui est la loi sociale. Tant
que nous n'aurons pas formé nos âmes à cette
double conviction; tant que nous n'aurons pas modifié notre déplorable éducation politique; tant que
nous n'aurons pas puisé en nous-mêmes les forces
nécessaires pour l'accomplissement de nos devoirs
d'hommes et de citoyens, au lieu de nous faire docilement et honteusement les instruments serviles d'une
volonté qui n'est pas la nôtre, toutes les institutions
qu'on établira parmi nous ne seront qu'une formule
théorique que rien ne pourra vivifier.

Mais, pour que nos vieilles habitudes de servitude
volontaire soient abandonnées ou redressées, il im-

porte que nous soyons mis à même de nous diriger par notre propre initiative. Il en est de la liberté comme de toutes les choses humaines, il faut la pratiquer. C'est dans ce but que l'étude qu'on vient de lire a cherché à émanciper à la fois les individus et les intérêts, de l'esclavage où les tiennent encore la centrali-ation aux mains du pouvoir et le suffrage universel aux mains des partis. Le jour où nous saurons nous gouverner nous mêmes, la vraie liberté sera fondée et se développera sans réaction et sans secousse, dans le maintien de l'ordre, l'observation du devoir et le stimulant du progrès. Ce jour-là, on comprendra enfin que la véritable devise d'une démocratie libérale et sage n'est pas cette formule vague et périlleuse : LIBERTÉ, ÉGALITÉ, FRATERNITÉ; mais celle-ci, bien autrement puissante pour féconder le bien et réprimer le mal : LIBERTÉ, LÉGALITÉ, RESPONSABILITÉ.

FIN

TABLE DES MATIERES

I Considerations générales ....
II. Définition du régime parlementaire   9
III. Republique et Monarchie.....   19
IV. Causes de l'insucces du regime parlementaire.   29
V L'egalite et le suffrage universel   37
VI. L'unite nationale et la décentralisation 49
VII. Notre caractere national....   73
VIII. Les termes du probleme a resoudre...........   83
IX. Le principe et le but d'une seconde Chambre ..   91
X Reconstitution de la province   95
XI Organisation du Sénat.................. 103
XII. Programme de décentralisation 113
XIII. L'indépendance locale. 123
XIV. La nomination des fonctionnaires 137
XV. Fonctions et rapports des trois Pouvoirs 147
XVI. Le Conseil d'État.................. 165
XVII Vues d'ensemble sur le mécanisme des Pouvoi s. 173
XVIII. Le suffrage universel.... 181
XIX. Le socialisme. — Les chambres du travail.... . 201
XX Conclusion...... 215

Paris Imp Schiller, 10, faub Montmartre

ERRATA

—

Page 10, ligne 8me — Au lieu de « Règne parlementaire », lisez « Régime parlementaire ».

Page 11 ligne 11me. — Au lieu de « Le plus terrible des despotiques », lisez « Le plus terrible des despotismes »

Page 26, ligne 7me. — Au lieu de « Dans les démocrates », lisez « Dans les démocraties ».

Page 43, ligne 26me. — Apres les mots « La Nation, la Loi, le Roi », mettez virgule.

Page 53, ligne 7me — Au lieu de « *Tamen qualis docet esse sororum* », lisez « *Tamen qualis decet esse sororum* »

Page 55, ligne 3me — Au lieu de « Plante », lisez « Planter »

Page 56, ligne 3me — Au lieu de « Et la hiérarchie sociale », lisez « A la hiérarchie sociale »

Page 64, ligne 6me — Au lieu de « Leurs corps », lisez « leurs coups »

Page 70, ligne 10me — Au lieu de « Des que Paris s'est prononce, on », lisez « Des que Paris s est prononcé ou ».

Page 76 ligne 23me. — Au lieu de « Dans des régions du réel », lisez « Hors des régions du reel »

Page 78, ligne 25me — Au lieu de « Elle lui implantait », lisez « Elle y implantait »

Page 79, ligne 1re. — Au lieu de « Sur le pouvoir », lisez « Sur le pavois »

Page 81, ligne 24me. — Au lieu de « Contre-poids permant », lisez « Contre-poids permanent »

Page 82, ligne 1re — Au lieu de « Considération », lisez « Condition »

Page 86, ligne 20me. — Au lieu de « Qu on pourrait », lisez « Qu'on pouvait »

Page 88, ligne 8me — Au lieu de « Pour même abattre », lisez « Pour mieux abattre »

Page 97, ligne 14me. — Au lieu de « Qu il peut », lisez « Qu on peut »

Page 107, page 26me. — Au lieu de « La marine et les divers agents », lisez « La marine par les divers agents »

Page 111, ligne 6me — Au lieu de « Quand on verrait », lisez « Quand on verra »

Page 144, ligne 22me — Au lieu de « Notions suaves », lisez « Notions saines »

Page 148, ligne 18me — Au lieu de « Puissance rolative », lisez « Puissance législative ».

Page 152, ligne 11me. — Apres le mot « Habitués », mettez virgule.

Page 163 ligne 2me — Au lieu de « Par une seconde proposition », lisez « Par une soudaine proposition ».